【有故事的郵票】

美國民間傳奇

王淑芬／說故事
蔡兆倫／繪圖

遠流

目錄

一枚郵票是一隻可愛的小白鴿，
帶著我們的思念和祝福，送給遠方的朋友；
一枚郵票能變身成大大的魔毯，
載著我們飛到世界各地，欣賞不思議的故事——

印地安公主為什麼拯救白人？頭頂鍋蓋的流浪漢為什麼到處灑種子？無頭騎士為什麼神出鬼沒……？

——哇！太有趣了！
趕快從左邊的美國地圖，
挑選喜歡的郵票和故事，找到頁數，
故事魔毯要起飛了，讓我們出發去吧！

風中的公主

雖穿著英國貴族的衣裳，1907年這枚郵票中的印第安公主，她的眼睛仍望向遠方的美麗家鄉。

「瑪托卡！瑪托卡！等等我……」

三個印第安小女孩一路追著，但前方的女孩穿梭在草叢中，身影輕盈得像一隻羚羊，速度快得像是一陣風——不，她就是風。

三個小女孩跑得上氣不接下氣，再度高呼：「瑪托卡！瑪托卡……唉，你真的是寶嘉康蒂。」

前方的女孩停下來，往右側翻了幾個觔斗，站起身，甩著兩條長長髮辮，回過頭，問小玩伴們：「所以，我是瑪托卡，還是寶嘉康蒂啊？」

這裡是美國維吉尼亞州，靠近詹姆斯河和大西洋出海

口，這一帶住著將近三十個印第安部落，全聽從偉大的領袖波瓦坦酋長。而這位行動敏捷的小女孩，就是波瓦坦酋長最疼愛的小女兒。瑪托卡是本名，但是平時大家習慣叫她「寶嘉康蒂」，意思是「愛玩、又有點頑皮」，這個外號倒很能說明這位印第安小公主的個性。

「噓，小聲點。」寶嘉康蒂忽然警覺的躲在樹叢後，三個小女孩也蹲下，專注望著河邊。

河邊的景象有點可怕，一個白人被幾個印第安戰士押著，正跪在兩塊大石頭前。戰士將他的頭往下壓住，幾個小女孩全嚇得屏住呼吸。眼前這種情形，其實她們都明白是怎麼回事：近來常有白人從大西洋的另一邊航行到附近來，這些白人明明是新來的，卻常常擺出一副他們才是主人的姿態，於是當他們遇到原本就定居在這裡的印第安人，免不了一場你死我活的激烈戰爭。

看來，今天是這個白人的不幸之日。寶嘉康蒂小聲說：「你們看他的打扮：沒揹著長長的槍，腳邊倒有筆記本與筆。我覺得他不是來打架的。」

也許，隨著寶嘉康蒂漸漸長大，因為熱愛身邊小動物，尤其她最寵愛的小狗，於是對生命有更多體會。她認為解決衝突的方法，不一定要置人於死地。

也不知是哪來的勇氣，她忽然跑向前去，抱住那個白人的頭，大呼：「帶他去見我爸爸，他對我有別的用途。」這是公主的命令，戰士們只好押著這個名叫約翰·史密斯的英

國白人往部落走。約翰滿臉感激的看著寶嘉康蒂，對自己被救回一命，感覺像是逃出恐怖的夢魘。

約翰的確不是來打架的，他是一個探險家，到世界各地探查、記錄文化，本來搭著英國船，與一群要來北美洲尋找金礦與生存機會的英國人同行，誰知遇到暴風雨，只有他單獨一人被海水沖上這裡。

波瓦坦酋長再怎麼疼女兒，也不好直接放掉俘擄到的敵人。他嚴肅的問：「說說看有什麼重要的理由，讓我不該殺掉他？」

寶嘉康蒂也以嚴肅的表情，向酋長父親說明：「我想讓他教我關於白人的事，也教我說白人的語言。我希望有一天，能成為我們和白人之間的翻譯者，與和平解決事情的人。」

酋長倒從來沒想過這一點。往日，他們面對敵人，總是喊打喊殺，因為，白人也是這樣對付他們。但他也明白，白人的武器永遠比部落原始的刀箭來得強大，這是無奈又令人氣憤的事實。

酋長答應女兒，饒過約翰的命。此後，寶嘉康蒂與約翰成為很特別的學習夥伴，族人常在河邊看見兩人低著頭，交換兩種語言，也看見約翰在他的書上，指著文字與圖案，當起寶嘉康蒂的英語老師。

「寶嘉康蒂帶給我三個籃子。」約翰看著腳邊的籃子，練習說印第安語。寶嘉康蒂也指著掛在胸前的項鍊，再教約翰一句：「寶嘉康蒂有許多白色的珠子。」約翰一面跟著說，一面筆記在本子上。

這段像是師生、也像是朋友的感情，讓酋長見識到約翰的「無害」，後來不但還他自由，也答應讓約翰偶而帶寶嘉康蒂到白人住的詹姆斯鎮，感受不同文化。

寶嘉康蒂真是個勇氣十足的特別

女孩，她結交了幾個白人小朋友，並常以生動的語氣，告訴他們印第安部落的傳說。她總會打開肩上的皮革袋子，取出柳樹皮，請大家撫摸上面的紋路，或用鼻子湊近去嗅聞氣味。她說：「當我有心事時，河邊的柳樹婆婆就是我的忠實聽眾。把柳樹皮洗乾淨煮成藥水，對皮膚有消炎作用。」

她還接下酋長父親給她的任務：擔任部落聚會的主辦人。有一年鬧饑荒，部落食物不足，寶嘉康蒂說服她的白人朋友，捐出不少食物，帶回部落給族人。慢慢的，她很成功的扮演兩個不同種族之間的和平使者。

幾年後，約翰邀請她：「離開美國，到英國去看看，如何？」因為，連英國倫敦都開始對這位「美麗又勇敢的寶嘉康蒂公主」，十分好奇。

寶嘉康蒂當然不願意放過這個機會，既可以認識更多白人，又能拉近他們對原住民的距離，她願意。當她抵達倫敦，入境隨俗的取了英式名字：麗貝卡。麗貝卡在倫敦的社交圈，交了不少朋友，大家聽她以流利的英語，講述關於原住民的習俗、慶典，都說：「有機會，我們也想參加你們的慶祝活動，聽起來很有趣。」

最重要的，寶嘉康蒂傳達印第安人對大地的尊重，與地球所有生命和平共處的理念，也得到許多人認同。

有一次，英國友人邀請寶嘉康蒂參加一個「假面舞會」。這是十分好玩的舞會，因為大家全戴上各種造型的面具，根本不知道身邊跳舞的是誰。當舞會結束，朋友興奮的問她：「你覺得詹姆斯國王如何？」

「我又不認識他！」寶嘉康蒂覺得友人這句話，問得莫名其妙。

友人笑了：「他剛才就在你身邊跳舞啊。」

戴著面具，誰知道是誰啊！寶嘉康蒂也笑了，原來，英國白人也有很多妙事。她決定回到部落時，說給爸爸聽。

寶嘉康蒂後來和英國人結婚，生下兒子。她有好多事想跟族人分享。在開往家鄉的船上，她抱著孩子，站在船頭，望向她的維吉尼亞州。風吹散長長的髮絲，卻沒吹散對家鄉的思念。

可惜，航行途中，寶嘉康蒂得到重病，沒能回到家。後來她的孩子湯馬斯留在英國受教育，長大後，回到維吉尼亞，總算完成這位像風一樣敏捷的寶嘉康蒂公主最終的願望。

故事好郵趣

美國歷史上，真的有寶嘉康蒂（Pocahontas）這位印第安公主，她大概是一五九六年出生，一六一七年病逝。她的真名是阿瑪努托，小名瑪托卡。

迪士尼有部動畫電影《風中奇緣》，與續集《風中奇緣2：倫敦之旅》，女主角的原型就是參考寶嘉康蒂，這也是迪士尼首部以真人當作題材而改編的公主電影。

真實的寶嘉康蒂生命故事，和迪士尼電影的情節差異很大，不過都有相同的概念：勇敢的美國印第安公主，很有遠見的試著與白人和平相處，企圖讓所有種族之間皆能並存共生。不論哪個世代，這一點都是有價值的。

寶嘉康蒂也真的曾在倫敦生活過，留下一張版畫畫像，一六一六年由西蒙·德·帕斯（Simon de Passe）繪製而成。而美國一九〇七年發行「詹姆斯鎮博覽會」主題郵票（圖1-1）時，其中有一枚「寶嘉康蒂」郵票，便是根據這唯一一幀她在世時的畫像來設計的；這套郵票其他兩枚則是「約翰·史密斯船長」與「詹姆斯鎮」郵票。

二〇一九年曾發行過一套以「和平玫瑰」為主題的郵票，它的首日封圖案，是取自真人拍攝電

圖 1-1　1907 年「詹姆斯鎮博覽會」主題郵票，自左起依次爲約翰·史密斯、寶嘉康蒂、詹姆斯鎮。（王淑芬收藏）

影中寶嘉康蒂與丈夫約翰．羅爾夫（John Rolfe）的畫面（圖1-2）。以「和平玫瑰」來象徵寶嘉康蒂，十分有意義。首日封，是指於發行日將郵票貼在信封上，並加蓋當天郵戳。

美國二〇〇七年還曾發行過一枚三角形的「詹姆斯鎮」建城四百周年紀念郵票。詹姆斯鎮是英國在美洲所建立的第一個定居地，以當時的英國國王詹姆斯一世命名，位於詹姆斯河邊，也就是本篇故事中的開場地點。

圖1-2　2019年「和平玫瑰」郵票首日封。（王淑芬收藏）

蘋果籽強尼

蘋果是芬芳美食，也是豐盛的夢想；1966年郵票上的蘋果籽強尼，帶著這份信念往前行。

咬一口蘋果，脆脆的，真好吃！這是強尼最喜愛的水果，既能吃飽，又能烤蘋果派、製作蘋果醬，還能釀成酒與醋。蘋果真討人喜歡，最好每個地方的人都吃得到。

二十歲時，強尼決定離開居住的美國麻州，他帶著弟弟，往西邊走去。強尼有一個飄散著果香的遠大夢想，他拎著一個布袋，裡面裝滿蘋果種籽，準備先走到俄亥俄州。美好的大地上，就該種下美麗的植物，與所有生命共享，強尼一面想，一面微笑著趕走頭上嗡嗡響的蚊群。

「強尼，小心！」身邊的弟弟忽然大叫。

剛才沒注意，腳邊不知從哪裡冒出一隻蛇。弟弟害怕的小聲問：「不要動嗎？還是快跑？或是，我拿鏟子一把打死牠？」

強尼也嚇壞了，荒郊野外被蛇咬一口可不是鬧著玩的，萬一有毒，可能會奪走寶貴性命。但是那隻蛇顯然是個行動派，瞬間便靠近強尼，眼看就要碰到腳了；來不及多想，強尼取出隨身帶的鐮刀，往蛇一扔，拉著弟弟快跑逃開。

到了安全地方，弟弟喘著氣說：「原來你是神刀手，那隻蛇應該沒命了。」還沒說完，只見強尼滿臉的懊惱，連連

搖頭。

「我幹麼非要牠死呢？牠只不過碰到我一下……」強尼要弟弟先走，他必須回到剛才的命案現場，否則無法安心。

那條蛇已經平躺在地，強尼好難過，腳步沉重的轉身繼續前行。他想起小時候，最愛躺在蘋果樹下，聞著淡淡蘋果花香，身邊野兔從他身邊飛快跳過，他總是暫停呼吸，以免驚嚇到兔子。他覺得大自然的一切生命是如此美好，大家應該要和平共處。

只是，儘管他的人生信念是這樣，遇到攻擊時，又該怎麼辦？

「別多想了。」弟弟拍拍他的肩。他們已經講好，要在下一個農場分別。弟弟想要安定下來，專心經營屬於自己的小小果園。但是，他知道哥哥的夢想，是在更遠的地方。

更準確的說，其實是在更遠的許多地方。同行路上，強尼不斷跟弟弟描述著他的偉大計畫：「只要能長出蘋果的地方，我就要撒下種籽。」蘋果不但是所有動物的美食，還能做成各種料理，最重要的是能釀成

酒。當一家人晚間坐在餐桌上，大人們心滿意足的喝下一口，可以忘掉所有辛勞；白天工作時，小小一口，也常是取代「不乾淨水源」的方便飲料。

強尼的計畫還算順利，許多農家都喜歡這位滿臉笑容的年輕人，雖然剛見面時，常會被他一身的打扮逗得忍不住笑出來。

有位農家小女孩問：「大哥哥，你為什麼把鍋子當帽子？」

強尼也笑了。他為了方便，把夜晚在野外紮營、簡單煮食的小鍋子，隨手往頭上一戴，變成帽子。他忘了在別人眼中，這樣看起來很滑稽。

小女孩又拉拉他的衣角，問：「大哥哥，你穿的是衣服還是麻布袋？」這下子，連小女孩的爸媽都哈哈大笑。

強尼低下頭，拉拉衣服下襬，故意說：「你們不懂，把麻布袋剪開幾個洞，伸出頭與手，就能抵擋暴風，而且不花一毛錢，這是世界上最可靠的外衣。」

農夫點點頭，同意這個說法，也答應與強尼

交換東西。強尼拿出一大把種籽，說明：「把不同品種的蘋果籽種下，就能在不同季節都有收成。」

小女孩看著強尼腰間繫著的袋子，問：「你的袋子裡還有什麼？」

強尼打開袋子，展示給大家看：「除了種籽，還有曬乾的蘋果片，嚼起來很香。對了，還有一本聖經，每當我心情不好，讀幾頁，就會平靜下來。」

小女孩嚼著蘋果乾，嘟起嘴說：「每當我心情不好，就拿著針刺我的布偶。」

「哎呀，好痛！」強尼摸著手，喊疼。「說不定布偶也有感覺喔。」

小女孩抗議：「布偶才沒有感覺。」

「我告訴你什麼才沒有感覺。」強尼要小女孩拿著針，刺刺他的腳底。

「不好吧。」雖然嘴上這麼說，小女孩仍然好奇的往強尼腳底輕輕刺著。

強尼大喊：「痛死了！布偶剛才透過小精靈告訴我，你每刺一下，她就會在夜裡，趁你睡著時，哭一整夜。」

「騙人。」小女孩把針還給媽媽，抱起布偶，親了一下，輕聲說：「對不起，我以後不讓你哭了。」

農夫倒了杯去年釀的蘋果酒，請強尼品嘗，還說：「你這個小夥子心地很善良。」

強尼接過蘋果酒，笑了：「其實我長時間赤腳走路，腳底長了厚厚的繭，針刺根本不痛。」

農夫的太太問：「你要走到哪時候才定居下來？你不要錢，只跟

大家交換東西，為的是什麼？」

強尼抬起頭看著天空：「我看，答案只能問上天了。或許，我是上天派到美國來，負責種蘋果的赤腳怪吧。」

小女孩送給強尼一個蘋果餡餅，說：「你不怪，是可愛的蘋果籽強尼。」

就這樣，強尼以物易物，在旅途中和農民交換簡單的生活所需，並傳授一些他多年的蘋果種植知識。他還曾經遇見原住民，幸好以他的熱情，減低對方原本的戒心。不過，強尼認為，應該是那些

原住民看到「一個白人，穿得比我們破舊、滿頭亂髮、頂著一個鍋子」，反而覺得強尼是個可憐的流浪漢吧。

微風吹著強尼又亂又長的頭髮，現在他頭上戴的是用紙箱改造的帽子，腳上穿的是農人不要的舊鞋，鞋尖已經有破洞，但是，強尼知道這才是他理想的生活。每到一個新的地方，他就取下腰間袋子，撒一把蘋果種籽，想像著三年或多年以後，這裡將開滿蘋果花，成熟之後，一樹又一樹的結滿果子。然後，把釀酒或吃完的蘋果種籽，又播種在土地上，讓生命之歌一代代的傳唱下去。

強尼也哼起歌來了。

故事好郵趣

美國有句老話：「每天一蘋果，醫生遠離我。」意思是每日吃一顆蘋果，身體健康不用靠醫生。這句話說明了蘋果的營養價值，以及價格實惠（否則怎麼能每天吃？）。蘋果的確是美國的農產品代表，連紐約的外號都是「大蘋果」。這則美國民間故事中的主角，是真有其人，說的是生於美國麻薩諸塞州的約翰．查普曼（John Chapman, 1774～1845）。

他一生以「讓各地都有蘋果」為己任，不但買土地種植蘋果，也把蘋果種籽免費贈送給窮困的人；不過，當時的蘋果，主要是用來釀造蘋果酒。民間傳說中把他講成帶著布袋、到處撒播蘋果籽的好人，而且還穿破爛衣裳、戴著鍋子當帽子，這種誇張的描述，應該只是想表達他是個腳踏實地的樸素農人。

他不只鼓勵種植蘋果，還會專業的制定農地種植計畫，並非隨意亂撒種籽。他也是十分虔誠的傳教士，據說身上一定帶著聖經，而且奉行素食主義，不輕易殺生。

因為他是美國家喻戶曉的傳奇人物，

圖 2-1　1966 年以蘋果籽強尼爲主題的郵票首日封，信封上有設計師羅伯特・博德（Robert W. Bode）親筆簽名。（王淑芬收藏）

出版了不少關於他的書，以及雕像。一九六六年美國發行的一套民間故事郵票，其中便有一枚主角是強尼。票面圖案的背景是一顆紅色大蘋果，強尼的形象採黑色剪影畫，纖瘦身材，一手拿把鏟子、一手拎著裝滿蘋果種籽的布袋，眼神堅定望向前方，一腳舉起、準備繼續往前行的模樣。這枚郵票的圖案，充分展現他自命為「蘋果使者」的精神。此枚郵票是由美國藝術家羅伯特．博德設計（圖2-1）。

身為盛產蘋果的大國，美國當然也發行過多次各種蘋果的郵票（圖2-2）。

圖 2-2　2016 年以蘋果爲主題的首日封上，有蘋果籽強尼的畫像。（王淑芬收藏）

無頭騎士

謎一般的黑夜傳說，正如1974年的這枚沉睡谷的郵票。

少女卡翠娜十八歲了。她住在美國紐約州的沉睡谷，這裡有不少荷蘭人的後裔，包含她的家族。她的父親是當地大地主，日子過得無憂無慮，而她正是期待甜蜜戀情的年紀，照說應該每天開心玩樂，可如今她卻很煩惱。

她的煩惱，來自於追求她的有兩個人，不知道該如何選擇，其中一位是青梅竹馬的玩伴伯隆，現在已經是個高大強壯的男士，兩個人常參加各種舞會，是可以玩得盡興的好伴侶。只是，伯隆長大後，有時會仗著自己是富家子弟就愛欺負人，甚至常跟人打架鬧事。

另一位就風度翩翩，文雅多了；他是才搬來鎮上不久的年輕人，在鎮上的學校教書，稱呼他「伊卡博德老師」或「伊卡博德校長」都行，因為學校所有事都由他負責。卡翠娜每次跟瘦瘦高高的伊卡博德在鎮上散步聊天，總覺得輕鬆愉快，可以把心事暢快的說出來。

不過，她當然不能跟伊卡博德說：「我正在煩惱該選你，還是伯隆？」

伊卡博德不是傻瓜，自然也知道自己有個情敵，家世背景比他強。所以，搬到這裡，遇見美麗的卡翠娜以後，也使

出渾身解數，希望以豐富學識、優雅風度，讓卡翠娜對他傾心。

於是，他常邀請卡翠娜散步，鎮上的每條道路，他們幾乎都走過，只有一個地點，全鎮的孩子都知道要避開，就是有許多可怕傳說的「吊人樹」那裡。傳說以前獨立戰爭時，有個軍中的少校

被吊死在這棵大樹上。據說一到夜晚，這裡就會出現恐怖的聲音。

對於這種傳說，伊卡博德總會笑著說：「果然不管在哪裡，都有鬼故事啊！」

卡翠娜滿臉害怕：「我小時候常聽保母說，那棵樹的附近有個凸起的土堆。一到夜裡，土堆會裂開洞，一個無頭士兵騎著馬，從洞內飛奔出來，好可怕！」

「無頭騎士？你們想像力也太豐富了。」伊卡博德搖著頭，取笑膽小的卡翠娜。「我很好奇，這位無頭騎士在夜裡遊蕩，是肚子餓想吃消夜嗎？」

「唉呀！你這樣說，我覺得更恐怖了。」卡翠娜摀著嘴，小聲尖叫，又說：「大人總是說，無頭騎士騎著馬，到處尋找他的頭。」

其實，伊卡博德也曾經讀過一些紀錄，知道不論在德國、愛爾蘭都有類似的傳說。有些版本將無頭騎士描寫成惡魔，到處害人；有些則說那是戰爭時候被敵人斬首的士兵，因為不甘心死後成為無頭亡魂，就四處尋找他的頭。不論是哪種版本，戰爭、死亡都是人間悲劇，不該發生。伊卡博德只希望眼前的美麗女孩，能因此拋開伯隆——那不過是個愛打架的小流氓！

只是，身為貧窮的學校教師，沒有傲人家產與土地，連居住的房子，都是鎮上學生家長輪流提供的，他有機會打敗情敵伯隆嗎？

若不論家世背景的話，伊卡博德其實在鎮上滿受歡迎的。因為他有滿肚子學問，尤其，也很樂意為眾人講故事。光是他藏書中的一本《新英格蘭巫術史》，隨便從中挑個故事，加油添醋一下，就夠讓他在餐館吃飽時，說給鎮上居民聽。往往大家都會聽得入神，搶著為他付帳，也會請他喝點好酒。

伊卡博德私底下相信世界上有各種「神祕的超自然事件」，他只是為了在卡翠娜面前表現自己是個「有科學精神」的現代優良教師，故意擺出不信邪的姿態罷了。

「明晚的舞會，你能去嗎？」卡翠娜這句話，打斷伊卡博德的胡思亂想。他連忙點頭說：「當然會去。我幾點去接你？」

卡翠娜不好意思的低聲說：「伯隆已經約好要載我去。」為了安撫，她馬上補一句，「我明晚一定多跟你跳幾支舞。」

隔天在舞會上，伊卡博德跳得特別賣力，又在卡翠娜耳邊說了許多笑話，逗她開心。伯隆和朋友站在桌邊喝酒，也不時過來邀請卡翠娜共舞。伊卡博德看得心好煩，忍不住一杯又一杯的喝著酒。

「不行，再喝下去，我會出醜。」伊卡博德發現自己腳步有些不穩，決定提早回家，否則，萬一酒醉出洋相，日後在卡翠娜面前可就抬不起頭來。

走出門外，騎上馬，伊卡博德被冷風一吹，頭更痛了。他拍拍馬兒，希望趕快回到住處休息。昏昏沉沉中，沒留意馬兒往哪裡走。

突然，馬兒抬起前腳，發出嘶吼聲，似乎是受到驚嚇。伊卡博德張大眼，也嚇得快昏倒了。只見一個無頭騎士，騎在馬上，站在那棵吊人樹下。再定睛

一看，騎士懷裡好像抱著一個圓圓的東西，是……

等看清楚後，伊卡博德嚇呆了。無頭騎士的懷中，抱著的是一顆頭顱。他想幹什麼呢？伊卡博德不敢多想，用力拍著馬，飛速往前奔。

「難道傳說是真的？」他邊跑邊想，「可是，我沒得罪任何人啊。」

身後的無頭騎士，也蹬著馬，一直追在伊卡博德身後。

伊卡博德這輩子，從來沒這麼緊張過，這就是所謂的生死關頭嗎？他忽然想起，根據傳說，鬼怪無法過河，前面再轉個彎，不但有條河，過了橋又是教堂。伊卡博德拉著韁繩，指揮馬兒往那個方向跑。

沒想到無頭騎士仍然一路追隨。伊卡博德迅速跑上橋，正想著「你無法上橋了吧」，卻驚覺身後的無頭騎士，將懷裡的頭顱往橋的方向一丟，打中了他；伊卡博德慘叫一聲，便失去知覺了。

隔天，居民發現在橋上有個大南瓜，而伊卡博德則從鎮上徹底消失，不知去向。有人開始傳說：「是伯隆在搞鬼。」「沒錯，是伯隆假扮無頭騎士，把伊卡博德老師嚇跑了。」

居民的結論是：「這一切，都是為了爭奪女朋友，為了愛啊。但是，值得嗎？」

故事好郵趣

這篇故事的原作〈沉睡谷傳奇〉是美國作家華盛頓．歐文（Washington Irving），於一八二〇年根據民間傳說加以改寫的故事。

每個國家的建國路上，免不了有因為戰爭而產生的悲劇，悲劇經常化身為傳說故事，比如本篇故事中的無頭騎士，便是美國獨立戰爭的一位士兵。無頭騎士的傳說，最早是在歐洲流傳，經過文學與電影、電視等的改編之後，已經成為一種符號，警告所有人，世間偶會有無法預料的悲劇發生，也象徵世界上有一種無名的神祕力量，必須小心。最重要的，當你遇見怪事時要保持鎮定，不要自己嚇自己。

雖然這個傳說故事有些嚇人，不過，每年萬聖節時，「無頭騎士」倒是很受歡迎的裝扮呢。一九四九年，迪士尼也曾把這故事改編為動畫，而聖文森（拉丁美洲的一個國家）也曾在一九九二年發行過迪士尼版的沉睡谷郵票。

故事中的「沉睡谷」（也被叫作「斷頭谷」）是真實存在的地方，位於紐約州泰瑞鎮。許多名人都埋

圖 3-1　1974 年「沉睡谷傳奇」首日封。（王淑芬收藏）

葬在「沉睡谷公墓」，包含〈沉睡谷傳奇〉的作者歐文，以及著名的鋼鐵大王與慈善家卡內基等。

一九七四年美國發行「沉睡谷傳奇」郵票（圖3-1），深藍色背景與碩大的橙黃滿月，襯托出被「無頭騎士」追趕的伊卡博德，緊張又驚悚的氣氛。這枚郵票的繪者是美國藝術家倫納德·費雪（Leonard Everett Fisher）。

霧中少女

烏鴉會變成人，雷神會住在人間，2021 年這枚原住民烏鴉傳說郵票，吟唱著古老的傳說。

少女萊拉心情低落的坐在屋前。

她身穿長長流蘇的鹿皮衣裙，脖子上戴著由珠子和動物牙齒與爪子做成的項鍊，看起來很美麗，可是她卻望向有著巨大聲響的遠方。萊拉與族人住在瀑布邊，水流湍急，水聲隆隆作響，有時還會發出幾聲吼叫。媽媽說，那是住在瀑布裡的雷神赫諾，他正在打呵欠。

媽媽還說，萊拉長成優雅美麗的女孩，該結婚了，但是萊拉很不高興，因為，她即將嫁給大她好幾十歲的老人。她對未來有許多夢想，可不包括這樣的老少配婚事。

於是，她決定逃離，去彩虹的那一端，找到自己的夢想天堂。

她搭上小小的獨木舟，用力划，這是不讓族人追上的最快路線。她穿過急促的水流，一個不小心，卻被水沖到瀑布懸崖邊。

「天神，我沒有做錯事，不該受到懲罰

啊！」萊拉哭喊著。她握緊槳，抵在懸崖邊，希望不要掉下；高聳的瀑布，掉下去一定粉身碎骨。但是很無奈，她與獨木舟仍然從崖邊，隨著瀑布水流快速往下降落。

她閉上眼，握緊槳的手高高舉著，祈禱天神能救她。沒想到，真的被一件毯子包住，下一秒，只見自己穿過瀑布，來到水的後方。有雙大手將她輕輕放下，萊拉這才看見一個雄偉的巨人，站在她面前。

「我是雷神赫諾，聽見了你的求救聲。」手持弓箭的赫諾，手上戴著魔法羽毛，身旁站著兩位年輕的助手。剛才，就是他們拿著毯子救起萊拉。兩位助手之一是雷神赫諾的小兒子。

萊拉沒有其他地方可去，便和雷神一家一同生活。雷神與家人偶而會從天上來到地面，執行拯救人類的任務。任務期間，便會暫時住在瀑布裡。

雷神的小兒子，很快就和萊拉成了好朋友，並在雷神赫諾的祝福中，兩人結婚生子。這才是萊拉真心喜歡的對象，她在瀑布後方過著心滿意足的生活。

只是，隆隆水聲中，她的雙眼，有時也會穿過像霧一樣的茫茫水氣，想起地面上的家人與族人。爸媽還好嗎？弟妹還好嗎？族裡的一切都平安嗎？

此刻，如果有人經過，看到自己，應該會驚呼：「哪裡來的霧中少女？」與親愛的丈夫、孩子住在這裡，雖然生活愉快，但是從小陪伴到大的家人，又是另一種割捨不掉的感情。

萊拉的小孩，有時會跟著爺爺赫諾出去；小小孩不懂天神與凡人有什麼差別，只覺得爺爺好神氣。他回家後會跟媽媽萊拉描述：「今天，爺爺揹著一袋巨石，往地上扔，除掉惡靈。」還有一次，雷神赫諾以火燄箭，射殺危害五大湖居民的大水蛇，將蛇怪的身體切成數塊，變成了五大湖裡的島嶼。

然而，今天赫諾帶回一個不幸的消息：「萊拉，有條大巨蛇會從河的下游過來，到達你的村莊，吞噬一切。」

萊拉驚嚇萬分，要求雷神拯救她的族人。

雷神赫諾說：「我只能剷除蛇怪，若要拯救全族的人，我做不到啊！」

於是，萊拉拜託赫諾將她送回族人的村莊裡，由她來警告大家。

爸媽見到萊拉，簡直不敢置信，失蹤已久的女兒，原來平安無事。但是，沒空多聊了，萊拉聚集所有族人，把雷神的訊息，傳遞給大家，並指揮所有人盡快收拾東西，搬到上游比較高的地點。

等完成任務以後，雷神赫諾依照約定，來帶回萊拉。與雷神一起回到瀑布後方的家，看著跑過來抱緊她的兒子，萊拉覺得為家人做了件好事，心裡總算平靜下來。

大蛇怪游到萊拉族人的村莊後，發現一個人也沒有，便餓著肚子，十分生氣，繼續往高處游去。牠吐出長長的舌

頭，發出嘶嘶叫聲，引起雷神赫諾的注意。

「不好了，蛇怪不死心，現在正往大河上方游去。」雷神交代萊拉與小孫子好好在家，然後就帶著停在他肩上的金鷹，揹著裝滿閃電的武器，與兒子出門對付可怕的巨大蛇怪。

蛇怪動作迅速，本來還在曬衣、吃飯的族人，看到不遠處有一道長長蛇信，瞬間就要撲到大家眼前，來不及逃開了。忽然，空中一道大霹靂，往地面飛拋，原來是雷神及時趕到，用力扔下火力最強的武器，對準蛇怪，消滅這隻吞沒許多村莊與人類的怪物。

「不妙！」

雷神在空中看見，巨蛇怪雖然已被閃電擊中，身體卻隨著湍急的水流，往懸崖處流過去。蛇怪的身體，在懸崖上繞成一個半圓形，正巧就在雷神家的上方。大量水流因為圓形的弧度，改變流向，集

中在此，以無比龐大的廣闊水柱，往下急速沖去。

水柱就要沖毀家園，並沖走萊拉與孩子，赫諾趕緊飛入水霧中，帶著萊拉與孫子，引領所有人飛回天上

的家。

水霧中的少女萊拉，現在與雷神一家住在天上。她常常低頭看著地面，蛇怪繞出來的半圓形懸崖，製造出無比壯觀的瀑布，十分危險；但在危險中，又帶著一種讓人敬畏的神奇美感。

有時，萊拉好像聽見地面的人類，搭船航行經過這個地點時，會說：「注意聽，雷神在說話。」「不不，那是住在瀑布後方的雷神，正在睡覺打呼。」

故事好郵趣

尼加拉瀑布橫跨北美洲的美國與加拿大，是世界三大瀑布之一；其他兩個，分別是南美洲的伊瓜蘇瀑布，以及非洲的維多利亞瀑布。

到美國或加拿大旅行時，搭乘「霧中少女號」觀光船，去觀賞尼加拉瀑布，是一個

圖 4-1　1931 年美國官方發行的尼加拉瀑布郵票。（周惠玲收藏）

熱門的觀光選項。船舶名稱，便是源自這則美國印第安神話。這篇神話屬於易洛魁族（Iroquois）的傳說；女主角全名是萊拉瓦拉（Lelawala），故事中的赫諾（He-No），在易洛魁族的傳說中是一位雷神，他娶彩虹為妻，會向地面發出霹靂閃電，幫人們除去惡靈。傳說中，當雷神到人間除害時，就是住在尼加拉瀑布後方。

關於「霧中少女」的故事，印第安人還有另一種版本，說是從前為了

圖 4-2　1991 年尼加拉瀑布明信片，蓋有首日紀念戳。（周惠玲收藏）

安撫水神，每年都要送一個少女到瀑布底下，來平息水災。

雖然美國官方並沒發行過「霧中少女」神話的主題郵票，但曾多次發行過「尼加拉瀑布」郵票（如一九三一年的（圖4-1）和一九九一年（圖4-2））。一九三〇年代還曾有船運公司以「霧中少女號」觀光船行經路線景點為圖案，發行過「灰姑娘郵票」（圖4-3）。所謂「灰姑娘郵票」，是指長得像郵票，但非官方發行的，不能當郵資來寄信。原住民文化是美國這個文化大熔爐的重要基底，所以美國常發行相關郵票

圖 4-3　1930 年代美國的廣告郵票，以尼加拉瀑布「霧中少女號」行經路線的景點爲圖案。（王淑芬收藏）

（圖4-4）。二〇二一年的「烏鴉故事」郵票講述的，便是傳說中烏鴉逃離人類家庭，變回鳥類原形的故事（圖4-5）。

圖4-4　2004年「美洲印第安藝術」主題郵票的首日封，信封上畫有「霧中少女」故事情節。（王淑芬收藏）

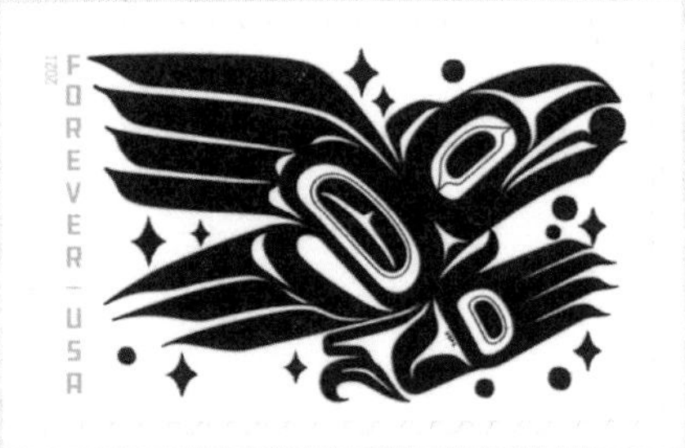

圖4-5　2021年以烏鴉逃離人類家庭爲主題的郵票。（王淑芬收藏）

李伯大夢

很想問問1940年郵票上的華盛頓・歐文先生：「人生有夢比較好嗎？」

在紐約州的哈德遜河西邊，群山環繞，住在山腳下的村民，很習慣抬頭看著高高的山脈，根據高山展現的面貌來預測天氣。

村子裡最受歡迎的人，叫作「李伯」，不論誰家有事，誰請他幫忙，李伯總是滿臉開心的點頭答應。他身邊也常圍著小孩，要他講故事。

李伯幾乎整天在外，這其實是有原因的，他是全村裡的「怕老婆冠軍」。李伯的妻子很兇悍，只要看見李伯沒在自家農場工作，反而去幫鄰居，便會氣得破口大罵。於是，李伯只好趕快逃出家門，免得被老婆嘮叨。

這種「你罵、我逃」，然後「回家、又罵、再逃」，成了李伯的日常。最後，他更不想待在家裡了，不是在村中大樹下跟人聊天，就是在小酒館的門口，聽村子裡年紀最大的老人講古。

「李伯，今天要去釣魚嗎？」鄰人問他。

「不不不，釣魚得坐很久，好累。」

「李伯，今天要去打獵嗎？」鄰人又問。

「不不不，打獵要在林子裡找來找去，好累。」

大家見李伯全身懶洋洋的模樣，有的人認為是李伯妻子逼他的，好可憐。但也有人認為是李伯自己不爭

氣，只會拿著獵槍，躲在樹蔭下睡覺，不想老實工作，不值得同情。

不論如何，李伯覺得至少他還有個忠實的朋友。他拍拍跟在他腳邊的狗：「沃夫，只有你最懂我，對吧？」

李伯滿同情這隻狗，因為他老婆不喜歡這隻狗，常不餵牠吃東西。李伯只好帶著沃夫，到外頭散心。

前幾天，妻子竟然跑到小酒館，在眾人面前數落他，一點都不給他面子。李伯嘆口氣，摸摸沃夫的頭，自言自語：「這下子，我怎麼有臉再到酒館？」他帶著狗往山林裡走，說：「我們離這些煩人的事遠一點好了。」

已經是秋天了，山林裡的樹葉有一些開始轉為橙黃與深紅，吹在身上的風也略帶涼意。靜悄悄的山林，李伯覺得心情變得好輕鬆，不知不覺間，居然已來到最高的山頂。

他帶著沃夫，躺在一塊平坦草地。頂上天空，慢慢的轉暗，他又大大的嘆口氣，說：「真不想回家啊！」

「李伯——李伯——李伯——」遠遠的，好像有人在叫他。

李伯連忙坐起來，再仔細聽。「李伯——李伯——」咦，真的是在叫他耶。莫非是哪個村民爬上山來砍柴，要他幫忙。他趕快站起來，往聲音方向走去。

走到一塊大石頭邊，沒看見熟悉的臉孔，卻見到一個矮矮胖胖的老頭，肩膀十分寬闊，腰也很粗，鬍子是灰白色的。

「幫我抬一下，這桶子好重。」穿著奇怪衣著的老人，招手要李伯過去。

老人的衣服，像是古早年代荷蘭人的款式，褲子又寬又大。李伯在村子裡從來沒看過有人這樣穿。他住的村莊，是英國國王喬治三世所統治的地

方，酒館門口還掛著國王的肖像呢！

老人氣喘吁吁的，李伯只好過去，雙手幫忙抬起木桶。桶內隱約飄來酒香，李伯忍不住吞了吞口水。

他們先經過一條狹小的溝道，來到一個山洞口。當走進洞裡時，李伯發覺自己來到一個完全陌生的地方。洞內擺放的物品，是他從沒見過的，而眼前有幾個人在玩的遊戲，也是他從沒見過的。

地面有九根木柱，不知道玩法是什麼，洞內的人也很驚訝的看著李伯，他們穿的衣服跟老人相同，全是古早味的荷蘭風格。

不過，這些人只是看了李伯一眼，又低下頭繼續玩了。李伯覺得這種嚴肅、不發一語的玩遊戲方式，未免太無趣了吧。正想著時，老人要他放下桶子，把酒倒在幾個金屬杯內，端給大家喝。

李伯有點緊張，畢竟，他是個無意間闖進這裡的外來客，不知道眼前的人等一下會如何處理他。當他顫抖著手將酒端給大家時，雙腳也在發抖。幸好，每個人都沉默的接過酒杯，再沉默的一飲而盡。

李伯心想：「這些人喝酒好斯文、太正經八百了吧。哪像我們在小酒館豪爽暢快的樣子！」想起了和酒友痛快暢飲的情景，李伯的喉嚨忽然覺得乾澀，於是，趁眾人沒注意，他也為自己倒了一杯，偷偷喝下。

酒很香，帶著一點甘甜。大家都沒在看他，李伯於是趁機再倒一杯，又一杯……他心想：也許醉了睡著，做個好夢也不錯。

醒來時，李伯發現自己仍然躺在昨天那塊平坦草地上，

沃夫呢？昨天一忙，居然沒留意老友沃夫有沒有跟上，看來還是快快下山，回家後老婆一定又要大罵一番。

他拿起身邊的獵槍，低呼：「怎麼回事？才一晚，我的槍就鏽成這樣，這下子，老婆又有更多理由責怪我了。」

他行經昨天的路線，奇怪的是，這裡應該有一條小窄溝的，怎麼現在是一道溪流？昨天去過的洞口，也不見蹤影，眼前是一堵高高的山壁。

他搖搖頭，怪自己喝酒醉暈，心虛的往村子裡走，想著等一下該如何向妻子解釋這番奇遇。

「國王呢？」他經過酒館時，有個大發現，原本門口懸掛英王的肖像，現在換上一張完全陌生臉孔的畫像。更陌生的是坐在酒館門口的人，他一個也不認識。那些老友呢？

有個老人注意到他在看門口的肖像，就指著肖像說：「這是華盛頓將軍，帶領我們獨立建國，

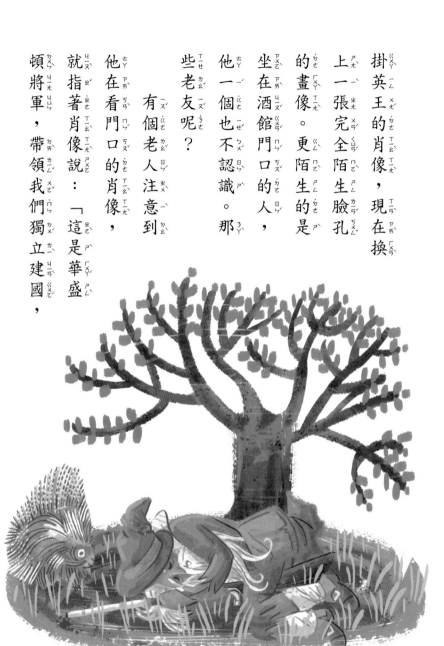

讓我們不必受英國的管轄了，來，乾一杯。」

李伯再仔細看，沒錯，酒館上方掛的旗子，不再是英國領土的旗幟，現在是一面有條紋、有星星的旗子。

有個人走過來，皺起眉頭看看李伯，摸摸生鏽的獵槍，然後問他：「你要投票給哪一方？」

星條旗？華盛頓？投票？李伯愈來愈頭痛，他才睡一覺，怎麼世界變了樣？還是快點回家，問個清

楚吧！

四周一片嘈雜聲，大家都趕來看這個奇怪穿著的老頭。一個年輕的少婦，抱著嬰兒，靠近李伯，輕聲問他的名字。李伯回答後，也問她：「你父親是誰？全村的人我都認得。」

少婦抱住李伯，流著淚：「我是您女兒啊。二十年前，您帶著狗兒與獵槍離開家，從此不見蹤影。到底發生什麼事？」

李伯不敢相信，他不過睡了一覺，怎麼就過了二十年？不但妻子已過世，兒女都長大，連國家都改了！

故事好郵趣

這篇故事的原作者是美國作家華盛頓．歐文（washington Irving），他被譽為「美國文學之父」。有一次，華盛頓．歐文行經紐約州哈德遜河以西的「卡茨基爾山」，產生了這篇故事的靈感，但有一部分情節，靈感來自德國民間故事。

華盛頓．歐文出版這篇故事的時間，是美國獨立之後，全國正洋溢著「美國夢」。美國夢通常被解釋為「在美國這個地方，什麼都有可能，可以完成夢想」。所以，不少人認為，這篇故事，很像是一則寓言，在提醒美國人民「不要只會做夢，要了解現實、腳踏實地，以免到頭來只留下虛空」。

這篇故事也讓人聯想到中國的「南柯一夢」、「黃粱一夢」、「桃花源記」等。也許，這些作者想藉著故事傳達兩個想法：一是「世間所有事，到頭來都是一場夢，不必斤斤計較生命中的小細節」，二是「閒時做做夢，雖可滿足，但也該在夢醒時認清事實」。當我們讀故事時，想想作者的意圖是什麼，又帶給自己什麼感受，這樣收穫會更

圖 5-1　1940 年華盛頓．歐文紀念郵票的首日封。（王淑芬收藏）

大。

一九四〇年美國發行華盛頓·歐文的紀念郵票，向這位在美國文學有重大貢獻的作家致敬（圖5-1）。故事末段所提到的星條旗與投票，寓意著美國的自由與民主。象徵民主自由的星條旗與自由女神，則是美國郵票上最常見的圖案（圖5-2）。

圖 5-2　2010 年星條旗與自由女神首日封。（王淑芬收藏）

湯姆叔叔的小屋

「我無法忍受不公不義！」2007年這枚郵票中的史托夫人，看得出滿臉的堅定！

寒冷的二月天，美國的一座農莊大宅裡，兩位男士在布置典雅的起居室中聊著。這不是普通的閒聊，事實上，是因為屋主希爾比先生投資失敗，欠下大筆債務，所以就和買賣農奴的赫利先生商量，想賣掉他的黑人奴僕。

「我家的湯姆，高大健壯，能幹又可靠，把我的農莊管理得很好。我若不是欠債，根本捨不得賣掉他。」希爾比先生嘆氣說。

這件事他沒讓妻子知道，妻子一向信仰虔誠，也善待他們家的農奴，一定不會答應賣掉任何一個。

兩位紳士的對話，正好被經過客廳的女僕伊麗莎聽見，她簡直嚇壞了。而且她接著又聽到，除了湯姆，連她的小兒子哈利都可能被一起賣走。哈利是她唯一的孩子，前幾胎都流產，往後也很難再懷胎生子，現在哈利卻要被賣掉？

伊麗莎趕快私下向女主人詢問，女主人卻不相信，因為，她對丈夫的事業從不過問，完全不知道家裡快破產了。

悶悶不樂的伊麗莎，當天晚上又遇到另一個驚嚇。她的丈夫在別的農莊工作，那主人脾氣壞，又嫉妒他曾在工廠發明一部機器，受到許多人讚賞。

「伊麗莎，我再也受不了主人天天毆打，還淹死我的小狗。如今，他還想逼我與另一個女奴結婚。」丈夫哈里斯低聲說：「我得逃到加拿大去。等安定以後，我會來接你和心愛的兒子。」

看著丈夫滿身的鞭打傷痕，伊麗莎不斷流淚，不敢告訴丈夫他們可能即將失去兒子。為什麼上天要如此殘酷對待自

己呢？伊麗莎的淚乾了又溼、溼了又乾，卻一點兒辦法也沒有。

丈夫逃走以後，伊麗莎無精打采的走過莊園旁「湯姆叔叔的小屋」，根本沒心情進去。湯姆的小屋子，是農奴們時常聚會的地點。大夥兒喜歡稱呼湯姆是「湯姆叔叔」，因為湯姆是很好的管理者。這晚，除了例行的禱告與閒聊，十三歲的小少爺喬治也在，主廚大媽總在小屋裡為喬治燒烙最美味的餅，小喬治也教湯姆讀書寫字呢。

熱鬧歡樂的聚會聲中，湯姆完全不知道，同一時間，希爾比先生正在大屋裡，簽下他的賣身契，連同伊麗莎的兒子小哈利。

臨睡前，希爾比夫人聽丈夫說到這樁買賣，氣得大罵，又心疼兩個農奴的悲慘命運。希爾比先生只能逞強的辯解：「大家都是把農奴買來賣去，又不是只有我這麼做。老婆，你愈來愈像那些激進的廢奴主義者了。」

當時，已經有些人開始主張「黑人也是人，不該被白人當作奴隸。文明的社會，必須廢除這種不人道的買賣制度」。希爾比夫人心地好，她很認同這個觀點。

伊麗莎正在希爾比夫妻的臥室外面整理東西，聽到兒子已被賣掉，全身顫抖，不敢置信。她連夜收拾簡單行李，走到湯姆叔叔的小屋，明白告訴湯姆：「我必須帶著兒子逃走。湯姆，你呢？」

湯姆呆坐在椅子上，完全沒想到原本還算安定的人生，忽然有大轉變。小屋裡的妻子與孩子，滿屋的歡笑聲，頃刻之間竟然隨風飄逝。下一個主人，會怎麼樣？難道要跟伊麗莎一樣，逃離卑賤的奴隸人生，試著去過另一種自由生活嗎？可是，萬一被捉回，會不會受到最嚴厲的懲罰？

湯姆已經習慣逆來順受，於是他要伊麗莎小心，但自己

願意遵從主人的安排。

奴隸販子赫利先生豈會放過逃走的「商品」。他帶人去追，伊麗莎不得已帶著兒子跳入大河中，隨波漂流，總算保住性命，離得遠遠的。赫利先生不甘心，甚至委託心狠手辣的奴隸獵人，一定要捉住伊麗莎與小哈利。

逃走的奴僕，多半沒有好下場。幸好

上天對伊麗莎與小哈利不薄；他們幸運的與丈夫會合，最後成功逃往加拿大，還跟失散多年的家人相聚。

小哈利後來在自由土地上受教育，又到法國留學。之後因為法國發生暴動，全家才又回到美國。在小哈利寫給一位朋友的信中，能讀到他的決心：「很多人憑藉自我教育和頑強的力量，終於跳脫奴隸制度的牢籠。這就是我想要的，我要去尋找那個人人都能主宰自己的國度！」

伊麗莎一家的故事有美好結局，但是湯姆叔叔呢？

聽從命令的湯姆，離開他的老師兼好朋友，也就是小少爺喬治，準備搭船到下一個主人處。小喬治淚流滿面的送湯姆一個銀元，並提醒他要打洞穿繩，掛在脖子上，藏在衣服內，小小的紀念品才不會被奴隸主奪走。

船舶上，一群可憐的奴隸被鐵鍊綁在一起，坐在船艙底部。湯姆對眼前不斷發生的「妻離子散農奴買賣」事件，感到心痛；他打開隨身帶著的聖經，一字一句慢慢讀著，想起小主人教他認字的美好往事。在這個世界上，不論黑皮膚或白皮膚，有無情的人，也有善心的人，他只能禱告，希望好事比壞事多。

可惜湯姆的好運不夠多。他先被一家好主人買走，也跟這家的小女孩成為好友，兩年後小女孩卻病逝。接著他又被轉賣到另一家新主人，好運道就用光了。新的主人鞭打奴隸是家常便飯，還逼湯姆也要以「最嚴厲的手段」管理其他農奴，否則挨鞭子的便是湯姆自己。虔誠與善良的湯姆，怎麼可能聽命？

最後，當主人要他

說出「逃跑的女奴逃往哪裡」時，湯姆保持沉默，失去耐性的主人，下重手毆打湯姆，還要兩個農奴幫忙。等主人暴怒離去後，湯姆已經奄奄一息。兩個農奴將滿身是血的湯姆扶到床上，不忍的幫他擦去血塊。兩天後，從前的小主人喬治來了，他尋找湯姆多年，沒料到與老朋友重逢，竟然是痛苦的死亡別離。

小主人喬治埋葬湯姆，跪在墓前，發下最堅定的誓言：「上帝為我作證，從今以後，我將致力於剷除奴隸制度，把這個魔鬼般的禍害從我的國家徹底根除！」

故事好郵趣

《湯姆叔叔的小屋》（Uncle Tom's Cabin 或 Life Among the Lowly），有另一個譯名《黑奴籲天錄》。本書作者是史托夫人，她的全名是哈里特．史托（Harriet Elizabeth Beecher Stowe）。這是一本反對奴隸制度的小說。厚厚的原著，故事雖然有點沉重，但也說明作者對當時美國蓄養黑人當作奴僕十分痛恨，覺得社會必須對這樣不公不義的事加以反省。史托夫人曾說，故事內容都是來自她所聽到、逃亡黑奴的親身經歷。

這本書在一八五二年出版，引起熱烈討論，不但暢銷，甚至有人認為它是引發美國南北戰爭的因素之一。南北戰爭是林肯總統（圖6-1）任內的美國內戰，戰爭原因之一是種族問題，尤其是奴隸制度；林肯總統主張「解放黑奴」，最後終於在一八六三年一月一日公布「解放奴隸宣言」。

《湯姆叔叔的小屋》在美國文學的地位很高，不僅被改編成戲劇，而且影響了不少作家，更重要的是書中主張的「人人都應該生而自由、不因膚色而有差異」，放在今日，仍有它的意義。

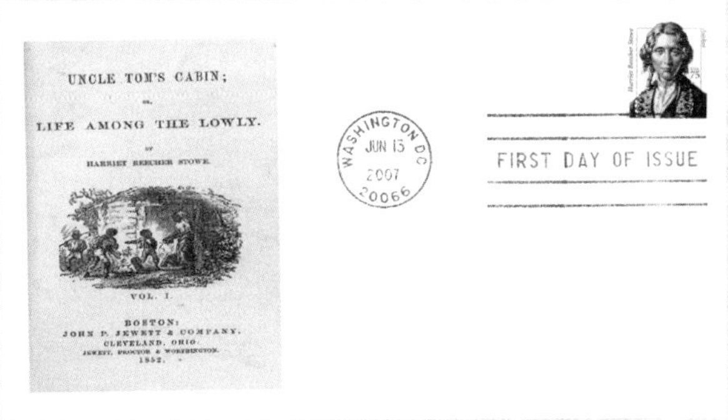

圖 6-2　2007 年史托夫人肖像郵票首日封。（王淑芬收藏）

圖 6-1　1954 年發行的林肯總統郵票。（王淑芬收藏）

美國若發行與民權運動相關的郵票時，搭配的首日封圖案，常常就是這本書，例如一九八一年發行的民權領袖：惠特尼．楊肖像郵票，首日封上印的就是這本書。二〇〇七年則發行了作者史托夫人的畫像郵票（圖6-2）。

此外，曾獲諾貝爾和平獎，被譽為美國「進步主義」代表的黑人民權運動領袖馬丁．路德．金恩（Martin Luther King, Jr.），也曾被發行過多次紀念郵票（圖6-3），象徵美國對人權的重視。

圖6-3　1979年馬丁．路德．金恩郵票。（王淑芬收藏）

雷姆大叔講故事

你聽，1948年哈里斯郵票上的老爺爺，正說著讓人深思的故事。

每到晚上，莎莉小姐總能在一個地方找到她七歲的兒子。沒錯，小男孩靠在雷姆大叔的手臂上，專注的聽這位滿臉風霜的老黑人講故事。莎莉小姐從窗邊便能聽見老人講述故事時的生動語調。

「這是柏油娃娃的故事。」雷姆大叔開始說故事嘍：

兔大哥很聰明，常常捉弄狐狸。狐狸不服氣，想出一個點子，牠用柏油捏捏揉揉，做成一個小孩，擺在路邊，自己躲在旁邊的草叢裡等著看好戲。

兔大哥悠哉的散步過來了，牠對柏油做的娃娃打招呼：

「嗨，小兄弟，你好。」

等半天，柏油做的娃娃沒回答。

「太沒禮貌了吧。」兔大哥不滿的用食指指著柏油娃娃。「人家跟你打招呼，應該要回答。」

還是一片沉默。兔大哥忍不住去推柏油娃娃，沒想到手被黏住。「快放開！」兔大哥高聲嚷著，又伸出腳去踢、用頭

去撞，這下子，全身被黏得更牢了。

狐狸跳出草叢，哈哈大笑：「總算被我逮到啦。」想起了之前被捉弄，牠氣憤的說：「我要把你丟進火裡烤。」

兔大哥眨眨眼，難過的說：「行行行，只要別把我扔進荊棘裡就好。」

狐狸不理牠，想著：「生火太麻煩了。」於是又說：「我要把你丟進河裡。」

兔大哥低聲說：「行行行，只要別把我扔進荊棘裡就好。」

狐狸想：「這附近沒有河流……」

兔大哥繼續可憐兮兮的說：「把我吊起來也好，剝皮也行，但是千萬不要把我扔進荊棘裡。」

最後，狐狸決定把兔大哥扔進荊棘，準備看牠在荊棘中充滿恐懼的模樣。

誰知道，一被丟入荊棘以後，兔大哥迅速跳出來，大叫：「再見嘍！你忘了，我是在荊棘裡出生長大的。」

真是個詭計多端的兔大哥啊，小男孩聽得露出微笑。

隔了幾天，雷姆大叔再說一個兔大哥與狐狸鬥智的故事。

兔大哥喜歡到牠的人類朋友梅夫人家閒聊。這一天，牠對梅夫人與女兒們說：「我老爸總是把狐狸當馬騎，一騎就是三十年。」女士們看著兔大哥模仿爸爸騎狐狸的神氣模樣，都大笑起來。兔大哥還補充：「後來因為狐狸老了，跑不動，我爸就賞牠幾塊錢，讓牠離開。」

第二天，當狐狸知道這件事，立刻在梅夫人面前說：「你們等著，我一定把那隻吹牛兔子抓來，要牠當場把這大謊話吞回去！」

牠來到兔大哥家，用力敲門。

幾分鐘後，門內傳來兔大哥虛弱的聲音：「我生病了。」

「兔老弟啊，梅夫人與女兒正舉辦熱鬧的宴會，邀你去呢。」

「可是，我病了，走不動啊。」

「你最愛參加宴會，不是嗎？」狐狸著急的勸說著，牠非把兔大哥帶去不可，這可事關狐狸的名聲呢。

兔大哥仍舊虛弱的說：「既然這樣，你揹我去吧。」

「可以，來，跳上我的背。」

狐狸爽快的答應。

但是，兔大哥又說：「我的頭好昏，在你背上可能隨時會摔下來。最好讓我坐著馬鞍，比較穩。」

狐狸不耐煩的去拿馬鞍，架在背上，便揹著兔大哥飛快往梅夫人家去了。

想當然，一心只想逼兔大哥在女士面前說實話的狐狸，又被騙了。當牠們抵達梅夫人家時，兔大哥跳下來，把狐狸拴在籬笆，和女士們談天說笑，還彈琴唱歌。

結束後，兔大哥再度騎上狐狸，飛快離開。半路上，狐狸在地上打滾，好不容易才甩掉兔大哥。

七歲的小男孩張大眼睛，問雷姆大叔：「看來，兔大哥好像一直在欺負狐狸，這樣做對嗎？」

雷姆大叔想了想，說：「倒也不能這樣下結論。我再說個故事好了。」

一個晴朗的好天氣，兔大哥和小動物們勤勞的工作著。只是，天氣愈來愈熱，於是兔大哥輕呼一聲：「唉喲，我的手被刺到了！」說完，便走到遠遠的樹下，想休息片刻。

走著走著，看見一口井，井的上方有個小籃子。兔大哥沒見過這種東西，牠好奇的探頭往井底瞧，發現井內似乎很涼快，於是，牠立刻坐進籃子裡。沒想到，籃子快速往井底掉落。當落在井底，原本繩子的另一頭還有個籃子，現在則上升到井的上方了。

「井底很涼快沒錯，但是，我該怎麼上去啊？」兔大哥沒料到會有這種結果。

更沒想到的是，其實狐狸一直在跟蹤兔大哥。從牠偷懶走開，狐狸便悄悄的跟在身後，也來到井邊。

看見兔大哥掉進井內，狐狸想不透牠在幹什麼，只好也探頭問：「喂！你在井底該不會藏了什麼寶貴的東西吧？」

真是美好的聲音啊。兔大哥連忙高聲回答：「這裡面有許

多魚，我正忙著捕來當晚餐呢。」

「可別一人獨吞啊。」狐狸一聽，口水都快流下來。「讓我下去幫忙，我們通力合作，必定能捉到更多美味可口的魚。」

兔大哥指揮狐狸，坐進空籃子。只聽見「咻」的一聲，繩索兩頭的籃子，一升一降。現在，狐狸在井底，兔大哥回到地面了。

兔大哥安全後，跑去找水井的主人，通知他：「狐狸在你的井裡玩耍呢。」

然後，兔大哥又跑回井邊，對著井底高聲警告：「等一下井的主人會拿一柄大槍過來，你一被拉起，就得趕快逃開。」

當狐狸再度回到地面，一溜煙跑走時，兔大哥已經在路上等牠。兩個沒說話，不過，狐狸的臉色當然很難看嘍。

故事說完了，雷姆大叔拍拍小男孩：「睡著了嗎？」

「我沒有睡著。」小男孩回答：「我只是在思考：這些故事有許多地方讓我想很多呢！」

故事好郵趣

《雷姆大叔講故事》是美國一八八〇年出版的書，當中除了有多篇帶有寓言色彩的故事，也包含歌謠。故事以一位慈藹的黑人老爺爺雷姆大叔，講故事給他農場的七歲小主人聽。老爺爺所講的故事裡，主要的角色是一隻聰敏的兔大哥、狐狸和其他動物。

雖然書中講故事的是黑人老爺爺，但這本書的作者卻是一位住在喬治亞州（美國南方）的白人記者哈里斯（Joel Chandler Harris）。他一共寫了七本「雷姆大叔」的書，是根據非洲傳說故事加以改寫的，所以也有一種說法：故事裡的兔大哥，代表當時的弱勢黑人；作者安排牠不斷挑戰強勢、自危險中逃脫。目前在美國喬治亞州還有一個「雷姆大叔博物館」。

美國雖然號稱民主自由，但也一直存在種族問題。尤其是黑人與白人之間常產生衝突。因此，像雷姆大叔這樣的角色塑造，不訴求悲情，而是以智慧與幽默的長者呈現，有些人會認為這更有益於平衡傳統對黑人「聽天由命」的刻板印象。

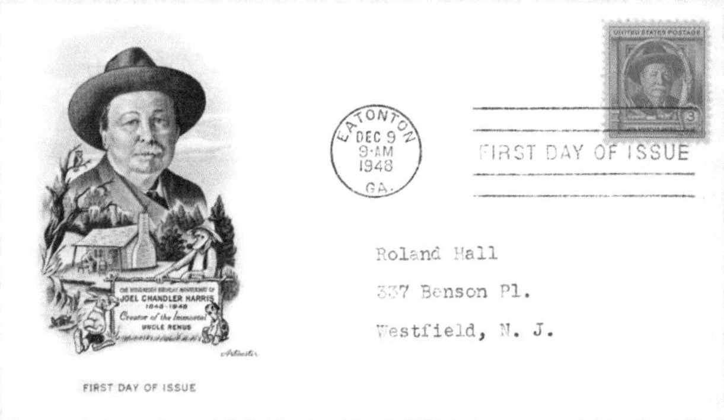

圖 7-1　1948 年以作者肖像爲主題的郵票，首日封上有故事插圖。
（王淑芬收藏）

美國諾貝爾文學獎作家童妮・摩里森就有一本小說是以《雷姆大叔講故事》中最有名的〈柏油娃娃〉（Tar Baby）當書名。迪士尼也曾將《雷姆大叔講故事》改編為《南方之歌》動畫片。一九四八年，美國發行哈里斯的肖像郵票，票面上的哈里斯，就像故事中愛講故事的慈祥老爺爺（圖7-1）。

二〇二一年，美國有一套仙人掌郵票與兔子郵票，首日封上印的便是故事中「柏油娃娃」裡的場景（圖7-2）。

圖 7-2　2021 年仙人掌與兔子郵票的首日封，圖案是柏油娃娃。（王淑芬收藏）

伐木巨人

「要砍整座山的樹？沒問題！我和貝貝立刻搞定！」1996 年這枚郵票上的大力士笑咪咪的說。

位於美國東北部的緬因州，有著廣大又綠意盎然的森林。森林裡常有伐木工人在林間賣力砍伐。有一對夫妻已經在此工作多年，兩人都很滿意這裡的環境。唯一的遺憾是沒有孩子。

丈夫總是安慰妻子：「沒關係，我們現在的生活很舒服，輕鬆愉快！」但是妻子知道，孩子才是他們最大的夢想與期待。

沒想到奇妙的事發生在他們身上了。有一天，他們正在居住的木屋閒聊喝茶時，聽見窗外有吵鬧聲。再定睛一看，兩人都瞪大雙眼。

「巨巨巨……巨嬰！從來沒見過這麼大的嬰兒。」

他們看見五隻送子鳥，一同叼著一個好大的布包，飛到屋前，輕輕落下，將布包放在門口。布包裡，是一個絕對出乎所有人意料、巨大的嬰兒。丈夫滿臉不可思議的說：「這是上天送給我們的兒子？」

妻子立刻奔出門外，要丈夫幫忙抬起布包，將孩子帶進屋子裡。

夫妻倆將孩子取名為保羅·班揚，他的確是鎮上從未見過的巨嬰，一天要吃五十顆雞蛋、十大碗馬鈴薯。保羅·班揚一天天長大，身體已經比所有大人都龐大了。有個下午，他睡在搖籃裡，翻了個身，卻引發地震。於是，鄰居們跑來敲門：「請你們趕快搬家。」

這一家只好搬到河邊空地，爸爸砍木材，做了艘大木船，讓保羅．班揚好好睡在河上的「搖籃船」裡。可是，當他又翻個身時，卻攪起河中大浪，把沿岸居民的房子都淹沒了。沒辦法，最後全家只能再度搬家，這回搬到高山森林裡，好遠離眾人。

「小小的」保羅．班揚在林子裡快樂長大，在樹木群中奔跑，有時也靠在樹幹上，專心聽林中風聲。他還告訴爸爸：「我長大以後要像您一樣，當個厲害的伐木工。」

一個下雪的夜晚，保羅．班揚睡不著，走到屋外，發現天上正下著藍色的大雪，大地一片深藍。在一個雪堆旁，他看到一頭小牛。

「你從哪裡來的？冷吧？」保羅．班揚連忙帶著小牛回家，坐在火爐邊，讓他們兩個都暖和一下。

這時他才發現，小牛全身都是藍色的。

「這是上天送給我最特別的寶貝禮物了，就叫你貝貝吧。」從此，保羅．班揚與藍牛貝貝成天作伴，一起工作，也一起遊玩。

長大後的保羅．班揚已經快像一座山那麼高大了，貝貝也跟著長成無比壯碩的藍牛。有一天，他們決定往西邊走，去尋找更多的伐木工作。告別親愛的爸爸與媽媽，保羅．班揚肩上扛著爸爸為他特製的大斧頭，一手拖著大鐵鍬，與好朋友貝貝愉快的踏著腳步，離開原來居住的緬因州。

走著走著，貝貝忽然停下來，搖頭晃腦的，提醒保羅．

班揚牠好渴啊。「可是，哪裡有水？」保羅．班揚東張西望，發覺附近沒有任何水源，但是連他自己都有點口乾舌燥，需要補充水分了。

「來吧，貝貝，我們一起用力踩。」保羅．班揚拉著貝貝，往地面猛力的踏啊踩啊，踩出許多大坑洞，清涼的水也噴湧出來。可以好好解渴嘍，這些大坑洞現在都裝滿水，成了湖泊，如果你經過，口渴了，也能來喝上幾口。

保羅．班揚走得有些累了，一路拖著的那把大鐵鍬，隨

著他重重的步伐，拉出了長長的深坑，形成一道道峽谷。他回頭看了看，點點頭：「大地上有高山，也有峽谷，滿不錯的。」

他們走到明尼蘇達州，定居下來，又找來七個也是又高又大的伐木工人，他們一起努力工作。一到星期天，大家圍著桌子坐下休息，吃特製的、像座小山似的熱蛋糕，五個人合吃一個剛剛好；只有保羅．班揚，一個人得連吞十個熱蛋糕才夠。他拍拍鼓鼓的肚子，又拍拍貝貝，說：

「森林裡的伐木工作，可以呼吸最清

甜的新鮮空氣，多快活！」

「除了可惡的蚊子。」一個工人揮趕停在手上的蚊子。

林中的蚊子好像也特別肥大，吸起眾人的血，一點都不客氣，是最不受伐木工人歡迎的訪客。保羅．班揚提出一個點子：「我們來養蜜蜂，可以消滅這些蚊子，還能吃到香甜的蜂蜜。」

可惜，蜜蜂竟然跟蚊子結婚了，還生下更多奇怪的昆蟲，攻擊力更強！連貝貝都整天將尾巴掃來掃去，免得被咬。工人搖搖頭說：「保羅．班揚，你是一流的伐木大神，卻不是優秀的昆蟲專家。」

幸好，這些蜜蜂與蚊子，有一次大舉進攻一艘滿載著糖的貨船，吃得太飽，全都脹死了。

「來吧，我們繼續工作。」鄰近地區都聽說了這位力大無窮的樵夫和他的伐木工作組，他們工作效率高，一天便可以砍伐一整座山。砍伐的木材必須運送下山，這是保羅．班揚與貝貝例行的任務。只是，高聳的巨木占滿了大地，只剩歪斜又窄小的通道，很難走。

保羅．班揚把歪斜的小路抬起來，一頭綁在靠近營地的大樹上，另一頭綁在貝貝身上，然後拍拍貝貝。「衝啊！」保羅．班揚一高呼，貝貝就往前衝，小路兩旁的樹木往外倒，就這樣，貝貝跑出一條又直又寬的道路，終於可以順利將木材運走了。這是他們最

常運用的「造路」方法。

有一年冬天，食物不太夠，貝貝整天都哞哞叫著，顯然根本吃不飽。轉眼間，天上又下起大雪，草地全被雪遮蓋。

「來吧，戴上它。」一個工人拿著一副綠色鏡片的太陽眼鏡，戴在貝貝頭上。現在，

貝貝眼前全是綠油油的一片，像是大草原。貝貝低下頭，盡情的吃個夠！牠本來就是在雪中長大的啊。

這群巨大又認真的伐木工作組，到過許多地方，完成許多任務。再怎麼困難，只要保羅．班揚扛著他的巨無霸斧頭，加上貝貝的協助，沒有做不到的事。美國不少州的森林裡，都有他們的足跡。

有人說，他們曾在阿拉斯加看過保羅．班揚與貝貝呢。不過，更多人說：「只要一到夏天，他們就會回到明尼蘇達州的森林。」也許，他們想回到那裡，去回味年輕時的生活吧。

故事好郵趣

美國的土地廣大，森林也多，當然也會有以森林為背景的故事。尤其，在森林工作的伐木工人，休閒時光聚在一起聊天、吹牛，傳奇的巨人樵夫保羅．班揚（Paul Bunyan）便誕生了。

據說這是從加拿大的伐木營地流傳到美國的，故事愈傳愈廣，也愈加神奇。除了本篇故事的情節，還有一個說法是：美國西北部奧勒岡州的胡德山（這是一座活火山），是保羅．班揚為了滅掉營火，扔的大石塊而創造出來的。

美國人十分熱愛保羅．班揚的傳奇故事，許多地區都能看見他和貝貝的雕像。

保羅·班揚首次以文字記載出現，是一九一〇年在底特律一份報紙上；之後一九一四年紅河木材公司也將故事放入公司的宣傳小冊中。一九九六年，美國發行一套四枚的「民間英雄」主題郵票時，保羅·班揚便是其中之一（圖8-1）。

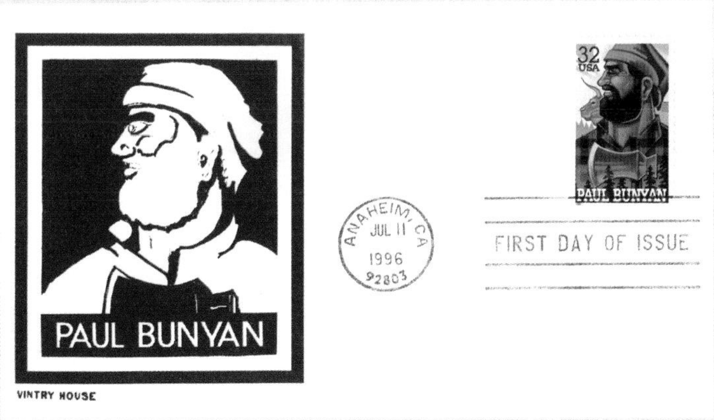

圖 8-1　1996 年保羅·班揚郵票的首日封。（王淑芬收藏）

人猿泰山

「文明，不一定是最好的。」2012 年這枚郵票上的泰山和作家，似乎這麼說。

事情怎麼會演變到這種地步？滿面愁容的男子，看著躺在床上、已經去世的妻子，以及懷裡才一歲大，正哭個不停的兒子。

才不久前，他奉派前往非洲，當時已經懷孕的妻子十分高興的陪他搭上船，準備航向新生活。誰知，船上發生叛變事件，他與妻子被趕下船，送上一座島嶼。不幸的是，這座島嶼有著茂密的叢林，不時可以聽見叢林中傳來動物的兇猛吼聲；幸運的是，他們攜帶的所有物品，也全部被送上岸，因此他們可以搭建木屋，在海岸邊布置出一個暫時安全棲身的家。

妻子過世了，他在照顧小嬰兒之餘，每天勤快寫日記，希望孩子長大後，能永遠記得母親，也知道自己是英國貴族的後代。這座島上的叢林中住著人猿，牠們偶而會來攻擊，雖然他都以獵槍擊退人猿，卻也擔心自己是否能永遠保護年幼的孩子。

人猿的領袖是柯查克，牠觀察木屋很久，趁那個「白色人猿」沒提防的時候發動攻擊。戰鬥中，一隻年輕的母猿凱拉聽見嬰兒床中的哭聲，想起自己剛不幸死去的小人猿寶

寶，竟然迅速抱起嬰兒，奔回樹上，餵小嬰兒吃奶。

就這樣，父母雙亡、成了孤兒的小男孩，被凱拉當成兒子撫養長大；他被人猿取名「泰山」，意思是白色的皮膚。十歲時，泰山已經身強力壯，不但可以從大樹上一躍而下，還能在樹叢間跳來跳去，整天開心的與人猿兄弟們玩耍。

有一天，一群小人猿到湖邊玩，泰山在湖面上看見自己與身旁人猿的模樣，驚訝的發現：「我怎麼跟大家長得不一樣？」

「對啊，你又矮又醜！」其他人猿哈哈大笑。

忽然一陣靜默，動物的本能，讓小人猿察覺到身後有危險了。是叢林中可怕的大敵母獅，正準備跳上來撲殺。泰山沒有像其他人猿一樣，嚇到不敢動、渾身癱軟等死，反而往湖中一跳。

人猿一向怕水，但是泰山在生命危急時刻，生存本能讓他不斷踢水，無意中學會游泳。他用力踢著，讓頭部伸出湖面，還大聲吼叫，遠方的人猿聽見了，趕來救了所有的小人猿。

泰山本來自認是族群裡最矮、最醜、力氣最小，也最沒用的，沒想到這一次救了大家。他對自己的與眾不同，開始有新的體會：「也許我不必跟大家一樣，能發展出我獨特的本領也很好。」

他發現自己的手指比其他人猿靈巧，會用藤蔓打各種結，還研究出一種「活結」，可以套住對方，再用力一拉，便制服敵人。有幾次，他用這招對付常常欺負他的「養父」圖卜拉，也就是凱

拉的丈夫，這可把圖卜拉給氣壞了。

有時，泰山也覺得日子有點無聊，便自己一個人到人猿都不想去的木屋探險。據媽媽凱拉說，那間木屋不吉祥，不少人猿在那裡被一把長長的東西打死。凱拉倒沒說，牠就是在木屋裡偷走泰山的。

第一次去時，泰山就發現自己太喜歡這裡了。不但找到一把獵刀，好像是個厲害的工具，還找到一些書，印著吸引他的圖片。只是，這一次也有難忘的遭遇，他太專心在屋裡尋寶，竟然連一隻大猩猩進來都沒發現。

在這場打鬥中，泰山用獵刀擊退大猩猩。此後，他知道在不得已的緊急狀況中，獵刀也是一種自我保護的利器。

更讓泰山驚喜的，他在一次次造訪木屋時，慢慢學會「讀」書，也在無意中學會寫字。到了十八歲的時候，泰山覺得他藉由眼睛和那些書的頁面，跨出了叢林，去到更寬闊的地方，他腦中也經常浮現許多想法。他體會到，自己並不比同伴無能，面對難題，往往能思考出解決之道。

有一次，他在木屋裡找到一個鐵盒，裡面有相片，泰山這才知道，世界上還有跟他長得一樣的同類。他又取出盒中的項鍊戴上，也看到一本日記。泰山這時還不知道，這就是父親留給他的記錄。

後來，最疼愛他的母猿凱拉，被一群從遠處遷移來的黑人部族殺害。泰山悲憤的暗中跟隨兇手，在無意中，學會更多人類使用工具的技巧。因為高明技術，讓他被推舉成為人猿之王，但泰山實在不喜歡扮演這個角色，最後決定移交給另一隻人猿，自己常留在木屋中，或騎在好友大象的背上，在叢林中行動。

後來，有一支探險隊前來，在海邊上岸。泰山躲在樹上，發現自己第一眼就喜歡上一位被喚作「珍」的女孩。

這支來自美國的探險隊，領隊是珍的父親，旅行的目的是為了尋寶。雖然他們如願找到寶藏，卻遭船員搶走。珍與父親以及幾位隨行者，被叛變的船員丟下，只能暫時躲在木屋中，卻因此展開一段意想不到的更大歷險。

珍被人猿擄走，泰山營救後，兩人在泰山搭建的樹屋，

幾日相處，感情逐漸深厚。但因為之前泰山有過不好經驗，知道不論是人猿或人類，有些人的心眼實在太壞，所以別輕易在陌生人面前現身。他將珍送回，再度隱入叢林。

在這次的探險隊當中，有一位年輕男子其實是泰山的堂兄克萊頓，他從木屋遺留的物品，知道伯父已身亡。根據當時的法律，回到英國後，克萊頓可以繼承伯父的家產與爵位；對克萊頓來說，真是好消息。加上他也深深愛上珍，便決定等獲救後，與珍一起回到美國，向她求婚。

泰山後來又從黑人部族手中，救走一位法國的軍官。這位軍官不但教泰山學會講法語和英語，還解開泰山的身世之謎。泰山也坦白告訴軍官，他知道寶藏下落。軍官建議將寶藏換成金錢，且帶著泰山前往美國的威斯康辛州，希望能與珍見面，也將錢送還珍的父親。

儘管泰山與珍在患難中，曾一同克服困難，建立了深刻感情，但一旦來到文明世界，兩人之間卻有著天南地北的差異，彼此都在心裡掙扎著：「我該留在美國，過著必須遵守許多倫理與束縛的生活；還是回到原始叢林，無拘無束、遺世獨立？」

故事好郵趣

小孩被動物撫養長大的故事，早在《羅馬神話》中，就曾講述一對喝母狼奶長大的雙胞胎故事。出版成小說的，最知名的則是英國作家吉卜林的《叢林奇談》，以及美國作家伯洛茲（Edgar Burroughs）的《人猿泰山》（Tarzan of the Apes，一九一二年出版）。有許多讀者覺得兩本書很像，也喜歡討論故事中關於「文明與自然」、「遺傳與教養」等議題。

伯洛茲的「泰山」系列，情節設定是一對英國夫妻，前往非洲途中遇害，留下兒子泰山，由人猿養大。出版後因為太受歡迎，不但改編成許多影視作品，也在讀者催促下總共寫了二十四本故事。本篇故事只摘取第一集的重要情節，在續集中，泰山與珍最後回到叢林，過著與大自然和平共處的生活。

泰山拉著長長藤蔓，在森林中擺盪，並發出吼聲，這已經成了讀者對叢林冒險故事的最鮮明印象，還有人統計，一九一八年至二〇一四年間，總共開拍過兩百部以泰山為題的電影。因此，介紹美國經典

圖 9-1　2012 年有著伯洛茲肖像與「泰山」系列作品的首日封。（王淑芬收藏）

故事，「泰山」系列可不能缺席。

美國郵局在二〇一二年為紀念小說出版一百週年，發行伯洛茲郵票。票面圖案的前方是泰山拉著樹藤，手握獵刀站在樹上，背後是作者的肖像。搭配發行的許多首日封，也都有電影與動畫中的畫面。另外還有搭配原版書封面發行的首日封（圖9-1），更具紀念性。

牛仔騎閃電

誰能輕易捉住龍捲風？1996 年這枚郵票上的帥氣牛仔，像在笑著說：「當然是我！」

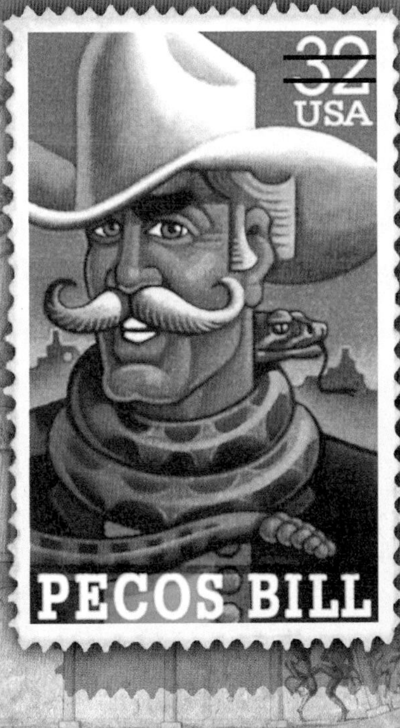

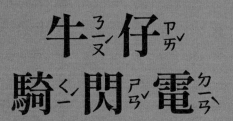

位於美國中南部的德州，土地面積遼闊。在這裡出生的小比爾，躺在搖搖晃晃的馬車裡，隨著家人準備移居到別的地方，因為比爾老爸說：「德州大，但人口也多，工作不好找。」

路很顛簸，一個大晃動，小比爾竟然被震出馬車外了。但是已經累得不斷打瞌睡的家人全沒發現，大家摔成一團後，又閉上眼睛繼續休息。比爾落在大草原上，也沒哭，雙手在空中抓著飛來飛去的蚊蟲呢。

幾隻土狼叼起小比爾，覺得這隻軟綿綿的小東西挺好玩的，帶回狼窩，讓他跟著小狼吃吃喝喝。比爾就這樣留在德州的佩科斯河邊，被狼群養大，長得又高又壯。

他喜歡住在佩科斯河邊，因為這裡就是他被土狼發現的地方，也許還留著當年家人隱約的氣息吧。有一天，他遇見一個跟自己長得很像的人，一聊之下，才知道就是他的哥哥。驚訝不已的哥哥說：「在佩科斯河遺失、又重新找到，那就叫你佩科斯．比爾吧。走，我帶你回家。家裡的牧場正需要幫手。」

比爾不但成為最得力的好幫手，還協助訓練其他人如何騎著馬，在馬上拋出套索，馴服牛群。一天，有個人牽著一頭蹦跳的馬來了，說：「這匹馬的名字叫作『寡婦製造者』，因為所有人一騎上去就被摔死，家裡的妻子瞬間變寡婦，根本沒有人可以駕馭牠啊。」

比爾大笑：「這個名字太不吉利了，瞧牠跑得那麼快，改叫牠閃電吧。」他一面說，一面躍上馬背，閃電也乖乖的聽從比爾指揮。此後，一人一馬合力趕牛，成了飛奔在大草原的最佳夥伴。

牧場的工作雖然忙，但是比爾和閃電常常不費什麼力氣，就能輕鬆完成十個人的工作分量。所以每當空暇時，比爾還教其他人一些本事。

「看好了，就以這種角度，將繩子用力拋出，必定能將牛隻套住。」比爾傳授大家馴牛技術，大家都說：「比爾這個牛仔，真是一流高手。」

比爾的工夫可不止這樣，只要是牧場周遭有什麼需求，比爾一定出力解決。像是危害多年的「湖中怪獸」，也是比爾與閃電的手下敗將。所謂的「湖中怪獸」，其實是潛藏在「熊湖」湖底的一隻

大魚。也不知道牠是哪裡來的，在熊湖住下來後，懶得游到別處找食物，只要有人或動物在湖上航行而過，牠就迅速冒出水面來，一口吞下。

比爾在湖邊觀察幾天後，終於使出妙計。他故意划著小船，把大魚誘出水面，並迅速以繩索纏住，才解決掉這個困擾居民的禍害。

要知道，比爾的繩索並非普通麻繩，只要他一揮開，首次見到的人無不目瞪口呆，因為那是……

「沒錯！是一隻響尾蛇。」比爾吹著口哨，把他的牛仔套索——也就是滑溜溜、動作迅猛的響尾蛇繩索，往脖子一繞，便騎著閃電離開。

不僅如此，比爾還有一根鞭子（也是一條敏捷的蛇），同樣是他的工作道具。有一回，牧場天空忽然出現一

道龍捲風，眼看就要大肆破壞牧場的房子，比爾與閃電來到龍捲風面前，一手抽出繞在脖子的響尾蛇套索，一手舉起「蛇鞭子」，便將那道旋渦狀的龍捲風「套住」，再送到遠遠的大河邊。比爾放開套索，對著被捉住的龍捲風大喊：「滾！別來毀壞我的家。」但是，套索裡的龍捲風早就消失不見，變成一陣微風了。

比爾與閃電雖然是世界上最要好的朋友，但是，卻還是遇到一個大考驗。因為比爾戀愛啦！有一天，在釣魚時，他看見遠遠的河面，有位漂亮女孩騎在大魚上，慢慢漂過來。

「你好，美麗的姑娘，你是誰？歡迎到我家坐坐，喝杯茶。」

名叫「蘇」的女孩，欣然接受比爾的邀請。牧場的人也都喜歡這個可愛的女孩，只有一個看蘇不順眼，那就是比爾的老搭檔閃電。

「比爾，你喜歡我的話，可以為我摘下天空的星星嗎？」蘇對比爾撒嬌。

比爾二話不說，立刻射下天上星星，只留一顆亮白的「孤星」。蘇滿心歡喜的將星星抱在懷裡，卻還不滿意，又要求：「比爾，你喜歡我的話，可以讓我騎騎閃電嗎？聽說牠從來不讓別的人騎在背上。」

這下子，可大大的惹怒閃電了。牠不吭聲，默默的等蘇手忙腳亂的坐在自己背上；雙眼冒著無數愛心的比爾，並沒察覺到老友有何詭計。

一等蘇坐下，閃電馬上用力一跳，把蘇給彈上天去！這一彈，就彈到月亮上。閃電得意極了，心想：

「你再也沒辦法搶走我的老友比爾啦。」

比爾傷心的對著月亮大喊：「蘇，你還好嗎？」又摸摸閃電的鬃毛，小聲說：「老友啊，你想表達抗議，認為我疏忽你了，對不對？」

閃電舔著比爾的掌心，想起他們一起做過好多偉大的、幫助別人的事；現在這種把人彈到月球上再也回不來的，應該不算好事。閃電有些不好意思，低下頭來。

比爾抽出他的套索，往空中一扔，把月亮上正急得大哭的蘇一把套回來，再緊緊抱住，安慰她說：「因為我只顧著你，閃電吃醋了。」

美好的愛情，總算有好結局。從此，比爾與蘇，分別騎著各自的愛馬，奔馳在德州草原，是牧場最厲害的牛仔夫妻，也是鄰近牧場所有人的「緊急支援者」。天上亮晶晶的孤星，至今仍記得當年比爾騎著閃電，揮舞著響尾蛇，圍捕牛群的威武模樣呢。

故事好郵趣

一九九六年，美國發行一套四枚「民間英雄」主題郵票，其中之一便是佩科斯・比爾（Pecos Bill）（圖10-1）。其他三人是：保羅・班揚（也是本書故事主角之一），棒球英雄凱西、鋼鐵司機約翰・亨利。這套郵票是由大衛・拉弗勒（David LaFleur）所繪。

圖 10-1　1996 年以牛仔比爾為主題郵票的首日封。（王淑芬收藏）

許多美國電影中都有西部「牛仔」角色：騎著馬，帶著套索，在大草原追趕牛隻。不過，有趣的是，「牛仔褲」其實跟牛仔沒有直接關係（雖然電影中的牛仔常穿著耐磨的牛仔褲），之所以叫這名稱，是因為早期牛仔褲的布料是帆布，而華人習慣把帆布稱作牛仔布（圖10-2）。

被列入民間英雄而發行郵票，說明牛仔比爾在美國民間傳說中有著重要地位（另有一種版本說比爾騎的是一頭美洲獅）。不過，他的故事純屬虛構，最早出現在一九一七年，是作家愛德華·奧萊利（Edward O'Reilly）在雜誌中寫的一篇故事。之

圖 10-2　2021 年發行一套四枚的牛仔服裝郵票。（王淑芬收藏）

後，比爾就被稱作「美國第一牛仔」，他的許多帥氣故事，象徵著美國早期開拓荒原的辛苦，必須像比爾那樣有過人的毅力與體能，才得以生存。難怪比爾的誇張事蹟不但被寫成書，也拍成電影與動畫片。

而故事中的「孤星」，指的是德州旗幟上左邊的白色星星（圖10-3），德州也被稱為「孤星之州」，因為它在一八三六年至一八四五年間，曾經是獨立的共和國；意味著美國國旗上的眾多星星中，它曾是一顆孤立卻亮眼的星星。

圖 10-3　1945 年以德州爲主題郵票的首日封，德州州旗上是一顆孤星。（王淑芬收藏）

郵趣教室

美麗的明信片，跟好朋友分享

陳玉蓮、周惠玲

你喜歡旅行嗎？去遠方旅行，會不會在當地買明信片，寄給家人朋友報平安？或者寄給自己，當作紀念？

郵信小百科

有些人喜歡收集美麗的明信片，不但自己欣賞時心情愉快，還能寄給好朋友分享，增進彼此的友誼。而且你知道嗎，國際上有一種交換明信片的網站，只要寫幾句簡單的英文，就能換得他國的美麗郵票和明信片，結交國際筆友。

很棒，對吧！因此，各國郵局在發行郵票時，也經常設計製作有造型的明信片（圖12-1），或者和郵票圖案相似的原圖卡（極限卡）明信片（圖12-2）。這些明信片實用又值得收藏，所以很受歡迎。

明信片可以說是郵趣世界裡最容易入手、又變化萬千的郵品。所以我們先來認識它。

圖 12-2　瑞典郵局 2006 年發行長襪皮皮郵票時，同時推出相同主題圖案的原圖卡片。（周惠玲收藏）

圖 12-1　中華郵政以蘭嶼拼板舟和郵筒為圖案所發行的造型明信片。（周惠玲收藏）

一、任何圖片都可以當作明信片：

一張A6大小、有圖案的卡片，只要寫上寄信人和收信人的資料，就可以當作明信片寄出去。甚至，你可以把自己拍的照片、畫的圖，印或貼在厚紙上，當成明信片呢！

一般來說，明信片的正面是讓你寫名字和住址的地方，背面是圖。以圖12-3的卡片為例，左上方寫自己的地址和姓名，右下方寫收件人的郵遞區號、地址和姓名。剩下的空白處很少，只能寫簡

圖 12-3　有圖明信片的正反面和書寫形式。郵局規定明信片以 A6 大小（14.8 公分 x10.5 公分）爲準，郵資 5 元。（陳玉蓮收藏）

短句子，圖例裡只寫了「祝 青春洋溢」。不過，這樣也有好處，很容易就能完成。

請記得在卡片右上方貼五元郵票，這是郵局幫你寄信的郵資，然後投入綠色郵筒，郵差就會幫你把明信片送給朋友了。

二、免貼郵票的郵政明信片：

除了原圖卡或造型明信片，郵局還有一種郵政明信片，上面已經印好了郵資，重量輕又方便，因此很多人用來寫簡單的信，或參加一些機關行號的抽獎活動。

這種「郵政明信片」分成西式（橫）和中式（直），書寫格式請參考圖12-4，最後同樣也是投到郵局外面的綠色郵筒就可以了。

要注意，這種明信片上的郵票，一旦剪下來就沒用了（郵資符誌剪下失效）。

三、明信片創作藝術：

相較起來，郵政明信片好像很單調，但是你知道嗎，也有人利用這種明信片來創作，變成眾人驚豔、爭相收藏的美麗明信片。

圖12-5的明信片是素人手藝家何筱棻女士的作品，她用色紙捲成金魚和氣

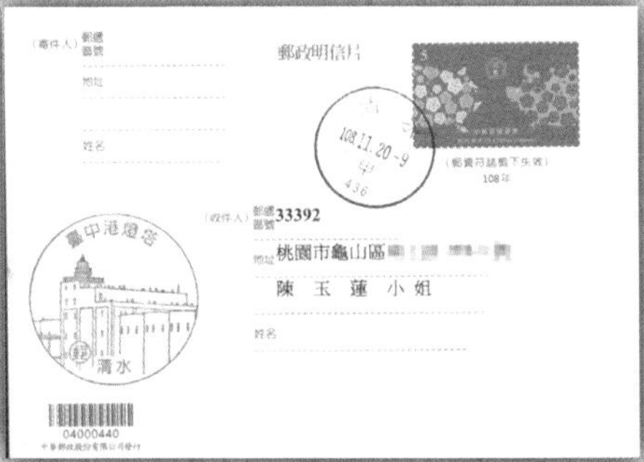

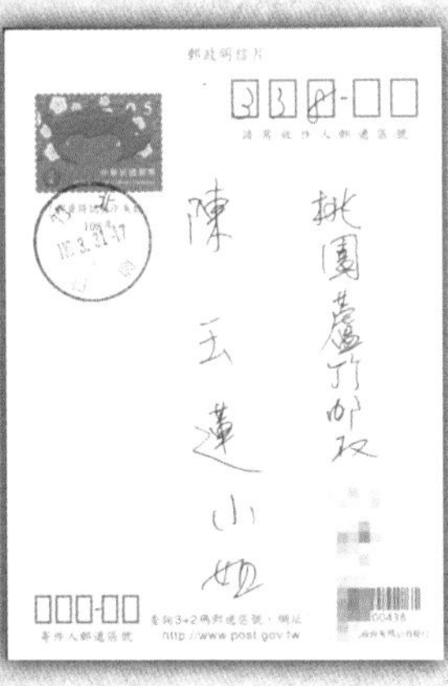

圖12-4 郵政明信片有橫式（左）和直式（右），上面印的郵票剪下無效。（陳玉蓮收藏）

圖 12-5　何筱棻手做的立體明信片。（陳玉蓮收藏）

泡，或者香蕉、彎月和清真寺，然後用黏膠固定在明信片上，畫上背景，做成立體明信片，成為可以觸摸的立體明信片。為了讓這張明信片更具價值，她還在郵局舉辦特別活動時，拿到現場蓋上特別的郵戳，才寄給朋友。

寄英文明信片給聖誕老公公，很簡單！

董宜俐

郵戲動手做

世界上真的有聖誕老公公！我沒騙你！

只要你寄一張英文明信片給他，就會收到聖誕老公公的回信。

黃家卉6歲／拍攝：黃杜南

每年聖誕節前，聖誕老公公都會收到世界各地的大小朋友，寄來雪片般的信件。現在，你只要按照底下的示範，寄出你的明信片，就有機會收到回信，說不定還有小禮物呢！不過，最好在九月以前就寄出，不要拖到十二月。早起的鳥兒有蟲吃，同樣的，早行動的人才有禮物呀。

如果我說，寫英文明信片跟吃蛋糕一樣簡單，你一定會說：「騙人！」但是，不管你住在臺灣哪個角落，不管你念的是雙語學校，還是公私立小學，不管你學了幾年英文，只要你會寫英文字母，會用電腦查詢資料，那麼，寄出生平第一張英文明信片，就跟吃一塊蛋糕一樣簡單！

請你跟我做做看，只要三個步驟：

一、幫自己取個英文名字

如果你還沒有英文名字（David、Emily……都可以），或者想將中文姓名直接翻成英文，只要連上外交部領事事務局網站 https://www.boca.gov.tw/，從主頁第一個選項「護照」→「外文姓名中譯英系統」，或掃描以下 QR 碼，就能在圖 13-1 的畫面輸入中文姓名，然後擁有你的英文姓氏和名字了。

圖 13-1　外交部領事事務局網站「外文姓名中譯英系統」的 QRcode 和使用畫面。

二、讓中華郵政網幫你翻譯英文住址

請連上中華郵政全球資訊網 https://www.post.gov.tw/，從「郵務業務專區」→「中文地址英譯」，或掃描以下QR碼，就能在圖13-2的畫面中，輸入你家的地址，英文地址和六碼的郵遞區號立刻出現眼前。

三、按照明信片格式填寫

在明信片右半邊貼郵票的下面，寫上收信人（聖誕老公公）的地址。目前全世界有十幾個國家的聖誕老公公，我們這裡以芬蘭

圖 13-2　中華郵政「中文地址英譯」系統的 QRcode 和使用畫面。

聖誕村為例。

左上角寫上你查到的家裡英文地址，分四行寫。至於你最擔心的要用英文寫什麼？第一次可以先抄我的簡單版：親愛的聖誕老公公（Dear Santa）是稱呼，耶誕快樂（Merry Christmas）是祝福語，最後記得寫上自己的名字（圖 13-3），例子中的 Love, Emily 是愛你的艾蜜莉。

將來你學會更多英文，就可以向聖誕老公公介紹自己：

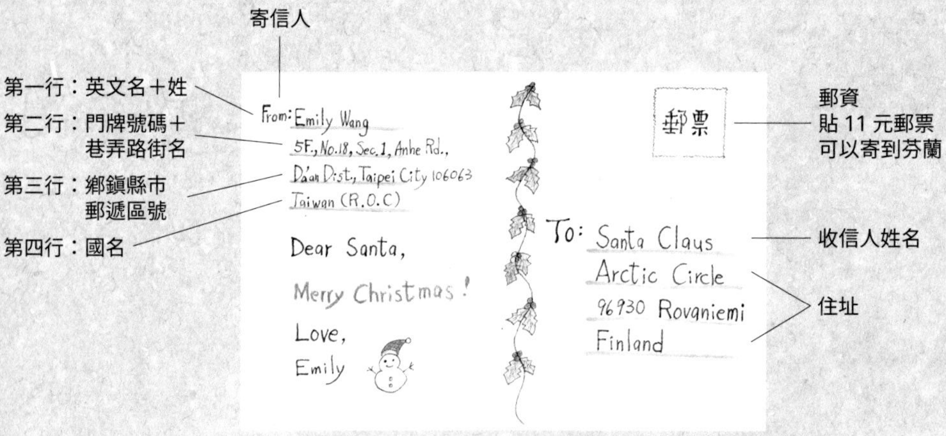

圖 13-3　英文明信片範例

心動不如馬上行動，查好姓名和英文地址，填在空白明信片上，今年讓你的聖誕願望成真！

I am Emily.

（我叫艾蜜莉。）

I am 8 years old.

（今年八歲。）

This Christmas, I want a robot.

（今年聖誕節，我想要機器人。）

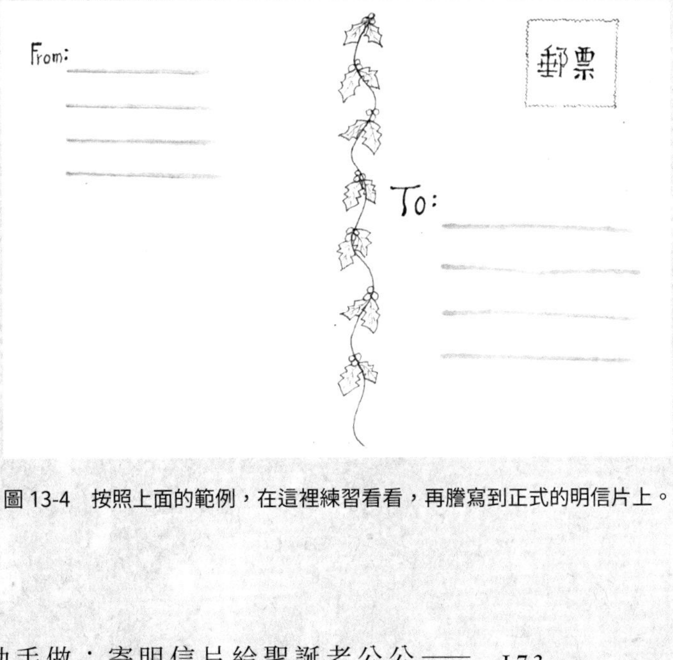

圖 13-4　按照上面的範例，在這裡練習看看，再謄寫到正式的明信片上。

作者後記

郵票上的精采閱讀課

王淑芬

郵票是由各國官方發行，可當作寄信的郵資，不但流通國內各地，連海外都能抵達，當然有著「國家代表隊」的重要性。郵票除了實際用途，票面上的圖案也大有學問。想想，能夠被選作郵票主題的，一定是具有獨特意義，能彰顯一國的價值。

本書藉著美國郵票中的民間傳奇英雄，帶領讀者從故事中好好認識這個國家。

西元一七七六年七月四日，美國宣布脫離大英帝國，獨立建國，算算至今，也才兩百多年（圖13-1）；一個不到三百年歷史的國家，如今卻是世界強國，最大原因應該是這個國家鼓勵人民發揮專長，在各領域成為英雄。所以，在美國發行的故事郵票中，民間傳說裡的英雄常是主題。除了本書中所介紹的十位代表性傳奇英雄之外，一九九四年美國還曾發行過一套二十枚的「西部傳奇」郵票，列出二十位西部拓荒時期的英雄，其中包含原住民「薩卡加維亞」（Sacagawea）（圖13-2），看過電影《博物館驚魂夜》的人，可能還記得電影裡也有她呢。美國的確很熱衷民間傳說

圖 13-1　1973 年爲宣揚獨立建國精神，所發行的一套四枚郵票。（王淑芬收藏）

中的英雄人物，不論是真實或虛構。也許，就是期待他們像電影中的神奇女超人（圖13-3）一樣，能保護人民、帶來更大力量。

本書中的故事，有真實、有虛構，也有取自美國作家的經典作品。所選取的這十篇，除了代表美國建國以來重大的事件，比如獨立戰爭（圖13-4）、

圖 13-2　1994 年的薩卡加維亞郵票。（王淑芬收藏）

圖 13-3　2016 年發行神奇女超人 75 週年紀念郵票。（王淑芬收藏）

圖 13-4　1962 年華盛頓總統郵票。（王淑芬收藏）

圖 13-5　1968 年美國原住民領袖山雷郵票。（王淑芬收藏）

南北內戰、原住民與白人從對立到共存（圖13-5）、種族問題、早期開拓荒野的艱辛等，也期待讀者找機會閱讀原著，對書中探討的議題會有更深體會。

除了色彩鮮明的英雄故事之外，這塊自由土地上，還出版過許多經典兒童文學書籍，從馬克·吐溫的《湯姆歷險記》（圖13-6）、海明威的《老人與海》

圖 13-6　2011 年馬克·吐溫首日封。（王淑芬收藏）

（圖13-7）、傑克．倫敦的《野性的呼喚》、瑪喬麗．勞林斯的《鹿苑長春》、露薏莎的《小婦人》，到童書天王蘇斯博士（圖13-8）等，美國也都有發行相關郵票，展現對文學的重視。

從各國發行的郵票，去認識這個國家的經典故事（圖13-9），以及故事中的時代背景，是個有趣又有意義的方式。如果你有親

圖 13-7　1989 年海明威首日封。（王淑芬收藏）

朋好友住在美國，不妨寫信給他們，然後看看你收到的回信，貼著什麼美國郵票，或者請大人把信件上的郵票剪下來送給你。等收集到郵票之後，再從這些郵票中，知曉更多故事。

我收集不少文學主題的郵票，有喜愛的詩人與小說等。每當欣賞一枚枚郵票，就像是

圖 13-8　蘇斯博士紀念郵票首日封，發行於 2004 年。（王淑芬收藏）

走進掌心上的小小文學博物館，心思忽然變得寬闊清明，真好。

想認識更多美國郵票，可上美國郵政署的官網欣賞（United States Postal Service，縮寫是 USPS，網址：https://www.usps.com/）。

圖 13-9　美國 2006 年發行的「最愛童書動物郵票」。（王淑芬收藏）

Q82002

有故事的郵票 2 美國民間傳奇

作者 — 王淑芬
繪圖 — 蔡兆倫
郵信小百科 — 陳玉蓮、周惠玲
郵戲動手做 — 董宜俐

編輯總監 — 周惠玲
校對 — 呂佳真、董宜俐
美術設計 — 黃子欽
封面設計 — 黃子欽
內頁編排協力 — 葉欣玫（中原造像）
行銷企劃 — 金多誠

發行人 — 王榮文
出版發行 — 遠流出版事業股份有限公司
104005 台北市中山北路一段 11 號 13 樓
郵撥：0189456-1　電話：(02)2571-0297
傳真：(02)2571-0197
著作權顧問 — 蕭雄淋律師
輸出印刷 — 中原造像股份有限公司
平裝版初版一刷 — 2022 年 5 月 1 日

yLib 遠流博識網　http://www.ylib.com　Email: ylib.com
遠流粉絲團　http://www.facebook.com/ylibfans

定價 新臺幣 370 元
ISBN　978-957-32-9544-0

國家圖書館出版品預行編目 (CIP) 資料

臺美國民間傳奇 / 王淑芬說故事；蔡兆倫繪圖 . -- 初版 . -- 臺北市：遠流出版事業股份有限公司，2022.05
面；　公分 . -- (有故事的郵票；2)
ISBN 978-957-32-9544-0(平裝)

1.CST: 郵票　2.CST: 民間故事　3.CST: 美國

557.64652　　111005135